A música moderna

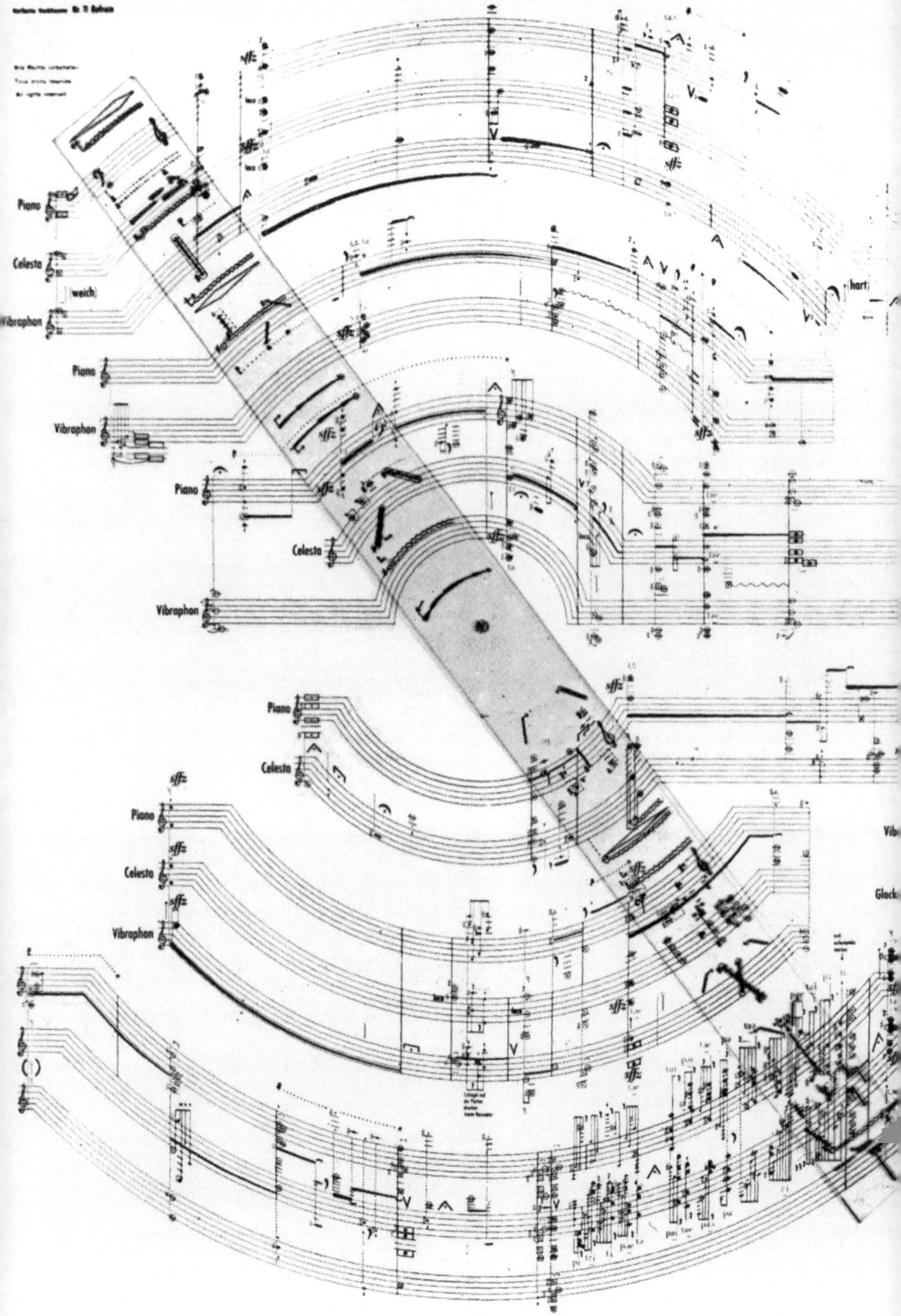
Piano
Celesta
(weich)
Vibraphon
(hart)
sffz
Glock

Paul Griffiths

A música moderna

uma história concisa e ilustrada de Debussy a Boulez

128 ilustrações

Tradução:
Clóvis Marques

ZAHAR

O tradutor agradece a colaboração de
Silvio Augusto Merhy

Título original:
Modern Music: A concise history

Tradução autorizada da reimpressão da primeira edição inglesa
publicada em 1986 por Thames and Hudson de Londres, Inglaterra

First published by Thames and Hudson, London, 1986 as
Modern Music: A concise history by Paul Griffiths

Jorge Zahar Editor Ltda.
rua Marquês de S. Vicente 99 – 1º | 22451-041 Rio de Janeiro, RJ
tel (21) 2529-4750 | fax (21) 2529-4787
editora@zahar.com.br | www.zahar.com.br

2ª edição: 2011 (novo projeto)

Grafia atualizada respeitando o novo Acordo Ortográfico da Língua Portuguesa

Capa: Rafael Nobre

CIP-Brasil. Catalogação na fonte
Sindicato Nacional dos Editores de Livros, RJ

Griffiths, Paul, 1947-
G868m A música moderna: uma história concisa e ilustrada de Debussy a Boulez / Paul
2.ed. Griffiths; tradução de Clóvis Marques. – 2.ed. – Rio de Janeiro: Zahar, 2011.
il.

Tradução de: Modern music: a concise history
Inclui bibliografia
ISBN 978-85-7110-004-6

1. Música – Século XX – História e crítica. I. Título.

CDD: 780.9
09-5328 CDU: 78(09)

Sumário

Para meu pai,
e em memória de minha mãe

1. Prelúdio

Se a música moderna teve um ponto de partida preciso, podemos identificá-lo nesta melodia para flauta que abre o *Prélude à l'Après-Midi d'un Faune* de Claude Debussy (1862-1918).

Talvez seja necessário justificar a qualificação de "moderna" no caso de música composta há mais de oitenta anos e num outro século, sobretudo se considerarmos que entre as obras musicalmente novas do período em que foi composto o *Prélude,* entre 1892 e 1894, estavam a Sinfonia *Novo Mundo,* de Dvořák, e a *Patética,* de Tchaikovsky. Mas é claro que, no contexto das artes, a expressão "moderno" remete antes à estética e à técnica do que à cronologia. É portanto justificável que uma "história concisa da música moderna", já em si uma aparente contradição, remonte quase um século, como parece lógico que ignore certa música mais recente mas menos moderna pelo método como pela sensibilidade.

Uma das principais características da música moderna, na acepção não estritamente cronológica, é sua libertação do sistema de tonalidades maior e menor que motivou e deu coerência a quase toda a música ocidental desde o século XVII. Neste sentido, o *Prélude* de Debussy incontestavelmente anuncia a era moderna. Suavemente, ele se liberta das raízes da tonalidade diatônica (maior-menor), o que não significa que seja atonal, mas apenas que as velhas relações harmônicas já não têm caráter imperativo. Em certos momentos, Debussy deixa pairar uma dúvida sobre a tonalidade, como nos dois primeiros compassos da citada melodia para flauta, onde preenche o espaço entre dó

Debussy em uma rua de Paris na virada do século.

sustenido e sol: todas as notas são incluídas, e não apenas aquelas que permitiriam identificar uma específica tonalidade maior ou menor. Além disso, o intervalo harmônico - um trítono - é o mais hostil ao sistema diatônico, o "diabolus in musica", como o denominavam os teóricos medievais. Debussy não persiste neste caminho, pois seu terceiro compasso registra uma resolução na tonalidade de si maior. Mas a harmonia diatônica é agora apenas uma possibilidade entre muitas, não necessariamente a mais importante, nem necessariamente determinante da forma e da função.

No que diz respeito à forma, o *Prélude* também lança as sementes da inovação. Em vez de escolher um tema bem definido e desenvolvê-lo consequentemente, Debussy apodera-se de uma ideia que hesita e se volta duas vezes sobre si mesma antes de se desenvolver, incerta e portanto imprópria para uma elaboração "lógica" à maneira ortodoxa. Este tema da flauta reaparece como motivo por quase todo o *Prélude,* embora às vezes expandindo-se em ornamentações ou disperso em fragmentos independentes; reiteradas vezes o tema é retomado depois de se prestar a digressões. Mas Debussy não projeta sua ideia principal num desenvolvimento progressivo de longa duração. O efeito é antes de improvisação.

A espontaneidade do *Prélude* não é apenas uma questão de ambiguidade harmônica e liberdade formal; ela decorre também das oscilações de andamento e dos ritmos irregulares, assim como do sutil colorido da peça. O desenvolvimento temático tradicional exigia uma certa regularidade e homogeneidade de ritmo, para que a atenção pudesse concentrar-se na harmonia e na forma melódica, e os andamentos deviam ser escolhidos de modo a caracterizar o ímpeto da música em direção a seu fim. Caprichosa na harmonia e na forma, a música de Debussy é também mais livre em sua medida de tempo.

Quanto ao colorido, Debussy foi um mestre na delicadeza das nuances orquestrais, e um pioneiro na utilização sistemática da instrumentação como elemento essencial da composição. Mais que qualquer outra música anterior (excetuada talvez a de Berlioz), as obras de Debussy perdem substância quando arranjadas para instrumentações diferentes: basta ouvir uma versão para piano do *Prélude,* por exemplo, para constatá-lo. O tema da flauta é decididamente um tema para flauta, e se transforma em algo muito diferente ao ser ouvido em outro instrumento. Consciente disso, Debussy restringe seu tema à flauta, no *Prélude,* exceto por duas breves intervenções da clarineta e do oboé, ambas de importância estrutural: a clarineta lança o tema em seu mais extenso desenvolvimento, e o oboé tenta prolongar o movimento quando se restabelece a quietude do início. Desse modo, a orquestração contribui para estabelecer tanto as ideias quanto a estrutura, deixando de ser apenas um ornamento ou realce retórico.

Debussy pôde dar um tratamento diferente à orquestração porque sua formação musical era inteiramente nova. Ele não tinha muito tempo a dedicar às práticas sinfônicas contínuas e intensivas da tradição austro-germânica, ao desenvolvimento "lógico" de ideias que produz em música um efeito de narração. Para ele, a música não era um veículo de emoções pessoais, como os críticos contemporâneos supunham no caso das obras de Beethoven, ou como deixavam explícito em seus poemas sinfônicos compositores como Richard Strauss. A música de Debussy abandona o modo narrativo, e com ele o encadeamento coerente projetado pela consciência; suas imagens evocativas e seus movimentos elípticos sugerem mais a esfera da imaginação livre e do sonho. Como ele mesmo escreveu, "somente a música tem o poder de evocar livremente os lugares inverossímeis, o mundo indubitável e quimérico que opera secretamente na misteriosa poesia da noite, nos milhares de ruídos anônimos que emanam das folhas acariciadas pelos raios de lua". A prosa é tipicamente enigmática e carregada de imagens, mas a referência ao sonho é suficientemente clara.

Uma analogia com os sonhos, ou, mais geralmente, com associações espontâneas de ideias, é mais reveladora que a habitual comparação da música de Debussy à pintura impressionista. É verdade que ele algumas vezes escolheu temas que também atraíram os impressionistas: "Reflets dans l'eau", por exemplo, uma de suas *Images* para piano, tem um título que bem poderia ser aplicado a certas telas de Monet. Mas a música difere essencialmente da pintura por ser uma arte que se projeta no tempo. As técnicas formais e rítmicas de Debussy podem ter atenuado a sensação do decorrer temporal, mas o movimento tinha para ele extrema importância. Mais uma vez, ele não se preocupava apenas em pintar imagens sonoras: "Eu desejaria para a música", escreveu, "uma liberdade que lhe é talvez mais inerente que a qualquer outra arte, não se limitando a uma reprodução mais ou menos exata da natureza, mas às misteriosas correspondências entre a Natureza e a Imaginação."

No caso do *Prélude*, há uma forte sugestão ambiental, de um bosque no preguiçoso calor da tarde, mas o interesse principal de Debussy reside nas "correspondências" (termo baudelairiano) entre este ambiente e os pensamentos do fauno na écloga de Stéphane Mallarmé em que se inspira a música, servindo-lhe de "prelúdio". Segundo Debussy, a obra é uma sequência de "cenários sucessivos em que se projetam os desejos e sonhos do fauno".

Outras obras de Debussy, como os esboços sinfônicos de *La Mer* (1903-05), provavelmente inspiram-se diretamente na natureza, sem a filtragem da imaginação de um poeta. Mas também nelas a natureza é apenas um ponto de partida, afinal deixado em segundo plano para a criação de "misteriosas correspondências" mais afinadas com o mundo interior do compositor. É o que dá a entender Debussy, escrevendo sobre "o segredo da composição musical":

Figurino de Léon Bakst para o fauno no *Prélude* de Debussy. O balé estreou pela companhia de Diaghilev em Paris, 1912, com coreografia de Fokine e Nijinsky no papel do fauno.

"O som do mar, a curva do horizonte, o vento nas folhas, o grito de um pássaro deixam em nós impressões múltiplas. E de repente, independentemente de nossa vontade, uma dessas lembranças emerge de nós e se expressa em linguagem musical." O estímulo não é o fenômeno natural original, a "impressão", mas o fenômeno mental derivado, a "lembrança". "Quero cantar minha paisagem interior com a simplicidade de uma criança", escreveu no mesmo ensaio.

No espírito de Debussy, as técnicas consagradas constituíam um obstáculo a essa expressão; elas impunham o chavão e o artifício, tendo sido desenvolvidas para finalidades diferentes, sobretudo a de expressar e estimular reações emocionais. O fluxo mais livre que ele conseguiu, na sensibilidade como na técnica (sendo as duas inseparáveis), tinha mais possibilidades de refletir as concatenações alusivas e esquivas da mente. Envolveu também sua música em uma atmosfera sedutora, o que em certa medida obscureceu sua novidade técnica e estética. O *Prélude* obteve imediata popularidade, ao contrário da violenta rejeição suscitada pelas primeiras obras radicais de Schoenberg, Stravinsky e

Capa da primeira edição de *La Mer*, com a gravura de Hokusai, *A onda*, escolhida por Debussy.

outros; o escândalo sobreveio somente duas décadas após a primeira execução, quando a dança de Nijinsky pôs a nu languidez erótica da peça. Debussy abrira o caminho da música moderna - abandono da tonalidade tradicional, desenvolvimento de uma nova complexidade rítmica, reconhecimento da cor como elemento essencial, criação de uma forma inteiramente nova para cada obra, exploração de processos mentais mais profundos -, mas o fez furtivamente.

2. O romantismo tardio

A natureza e as consequências da revolução de Debussy só seriam plenamente reconhecidas depois da Segunda Guerra Mundial, e em termos imediatos ele exerceu uma influência ampla mas limitada: seus títulos alusivos, suas práticas harmônicas e inovações orquestrais foram abundantemente imitados, mas a liberdade de movimento, a leveza de toque e a impalpável coerência de sua música não puderam ser igualadas. Seus contemporâneos, particularmente na Áustria e na Alemanha, estavam mais empenhados em resguardar e dar continuidade à tradição romântica novecentista do que em explorar caminhos fundamentalmente novos. Mas havia um problema. Wagner e Liszt haviam dilatado enormemente o campo da harmonia tolerável, acelerando as mudanças harmônicas, e era difícil acomodar o novo cromatismo no interior de formas que dependiam de combinações harmônicas coerentes. Debussy resolveu o problema abandonando a ortodoxia harmônica e estrutural; mas se os antigos modelos de desenvolvimento contínuo deviam ser preservados, tornavam-se necessárias novas formas de compromisso, no mínimo para satisfazer o senso formal legado pela tradição.

Muitos compositores encontraram o apoio que buscavam em programas literários, como Liszt fizera ao se tornar o virtual inventor do principal gênero da música instrumental de inspiração literária, o poema sinfônico. Richard Strauss (1864-1949) compôs na década de 1890 uma série de poemas sinfônicos, entre eles *Also sprach Zarathustra* (*Assim Falou Zaratustra*) e *Ein Heldenleben* (*Uma Vida de Herói*), que elevaram o gênero a extravagantes culminâncias. Strauss não teve rival em sua capacidade de "traduzir" musicalmente imagens narrativas, a tal ponto que, com algum conhecimento do tema, seus poemas sinfônicos podem ser "decodificados" como histórias à medida que os ouvimos. Não poderia haver exemplo mais notável do nível que a música atingira no século XIX como meio narrativo de emoções ou

Richard Strauss.
Óleo de Max Liebermann.

ações, nem seria possível ir mais longe nesta direção: o próprio Strauss voltou seu talento para a ópera.

Não obstante, pode-se perfeitamente presumir a existência de programas de natureza psicológica por trás das sinfonias de Gustav Mahler (1860-1911), ainda que não sejam explicitados em textos ou títulos: é o que indica a correspondência do autor. Se nos poemas sinfônicos de Strauss temos histórias emocionais contadas do exterior, as sinfonias de Mahler são confissões de sentimentos arrancadas de dentro. Seus temas melódicos contêm uma carga expressiva até então desconhecida, e suas formas são motivadas antes por exigências de expressão do que pela função harmônica. É ainda música de base diatônica, e a sinfonia continua sendo para Mahler – como fora em Haydn, Mozart e Beethoven – um drama de relações e contrastes. Agora, no entanto, os personagens do drama são menos as tonalidades e temas que os sentimentos e caracteres psicológicos.

Gustav Mahler em 1896, ano em que concluiu sua Terceira Sinfonia.

Mahler pôde assim incorporar o modo lírico – a música como arte quase puramente expressiva, desconhecedora das grandes formas – à estrutura dramática da sinfonia. Alguns de seus movimentos sinfônicos são canções com orquestra; outros reutilizam material originado em canções independentes. A Segunda e a Terceira Sinfonia (1887-96) introduzem vozes solistas e corais em seus movimentos finais para explicitar a intenção expressiva, após vários movimentos exclusivamente para orquestra. E na Oitava Sinfonia (1906-07), também conhecida como *Sinfonia dos Mil,* Mahler mobiliza uma enorme quantidade de solistas, vozes corais e instrumentos em toda a partitura.

A utilização de conjuntos excepcionalmente grandes, comum à maioria dos compositores do período, à parte Debussy, pode ser encarada como outra maneira de assegurar força direcional à música, num momento em que a tarefa já não podia ser confiada aos métodos harmônicos. Um final imponente, como o dos *Gurrelieder* (1900-11) de Schoenberg, dava à obra um caráter mais decisivo e concludente do que o eventual retorno a uma tonalidade "familiar", há muito esquecida, se é que jamais chegou a ser claramente enunciada. Mahler e Strauss utilizavam habitualmente uma orquestra três vezes mais numerosa que a de Beethoven, de modo que os gigantescos crescendos, as explosões de retórica e as grandes perorações pudessem consolidar a forma musical em termos de dinâmica.

No caso particular de Mahler, a orquestra ampliada também oferecia uma variedade de formações menores que podiam ser usadas para criar novos polos de atração ou acentuar contrastes. Mahler recorria também a instrumentos raramente encontrados na orquestra e associados a universos estranhos ao

Mahler regendo.
Silhuetas de Otto Boehler.

da música ocidental culta: cincerros para evocar pastagens alpinas, violão e bandolim para um sabor de dança popular. Mesmo quando tais instrumentos não são empregados, a música de Mahler volta e meia "desce" em direção ao café-concerto. Fazia parte de seu ideal que a sinfonia desenhasse uma imagem completa do universo emocional do artista, acolhendo seu sentimentalismo e seu humor irônico tanto quanto os sentimentos mais elevados. Quando Debussy se aventurou pelo *music-hall*, como em "Golliwog's Cake-Walk" para piano, foi no contexto de uma peça humorística (*Children's Corner*, 1906-08). Mahler, por sua vez, esforçava-se por abarcar uma vasta gama de experiências em uma única obra; na realidade, suas estruturas sinfônicas dependiam disso, algo incontornável dada sua determinação de desvendar seu eu emocional com a mais absoluta sinceridade.

Mas a música de Mahler apresenta ainda outro aspecto, religioso e metafísico. Obcecava-o nos últimos anos a ideia da morte, especialmente a sua própria, e em muitas de suas obras a finitude humana é motivo de dor profunda, de atormentada angústia ou amargo sarcasmo. Mas ela também pode ser aceita com resignação, como no finale de seu ciclo de canções com orquestra *Das Lied von der Erde* (*A Canção da Terra*, 1907-09), ou com alegria ante a promessa de uma nova vida, como na Segunda e na Oitava Sinfonia.

Morte e ressurreição foram tema de um bom número de obras musicais do romantismo tardio, entre elas um poema sinfônico de Strauss. Os *Gurrelieder* de Schoenberg contam uma história de ressurreição fantasmagórica, punição de um herói que cometeu o pecado de amaldiçoar Deus, mas é mais comum o renascimento para a esperança, seguindo-se à morte para o mundo o despertar para tudo aquilo que transcende o físico. Esta preocupação com o além pode ser associada a movimentos ocultistas contemporâneos, como a teosofia, e aos processos realizados na compreensão da mente humana. Assim como Freud demonstrava que nossos atos e juízos são dirigidos por uma vida mental de que em grande parte não temos consciência, os compositores (e naturalmente os artistas em outros campos) perscrutavam mais além da realidade da consciência, na esperança de vislumbrar verdades essencialmente mais altas. Debussy parece ter penetrado com intuitiva facilidade o mundo subconsciente: em sua ópera *Pelléas et Mélisande* (1892-1902), baseada na peça de Maurice Maeterlinck, as coisas mais importantes permanecem por longo tempo informuladas, e a música revela tendências insuspeitadas que moldam o destino humano a partir do subconsciente e do inconsciente.

Arnold Schoenberg (1874-1951) também se deixou influenciar nessa época pelas crenças místicas de Maeterlinck, como ainda pelo Strindberg metafísico e os simbolistas alemães. Compôs o poema sinfônico *Pelleas und Melisande*

(1902-03) e outro, com incomum arranjo para sexteto de cordas, inspirado no poema *Verklärte Nacht* (*Noite Transfigurada*, 1899), de Richard Dehmel, no qual se atribui ao amor o poder de transfigurar a natureza, adquirindo o mundo metafísico maior significação que o físico. Tais ideias tinham uma de suas fontes em Wagner, tal como a música cromática composta para exprimi-las. Mas Schoenberg, que se apegou à tradição austro-germânica com obstinada tenacidade, só a contragosto poderia admitir que a metafísica e o cromatismo o afastassem da coerência estrutural. Nos dois poemas sinfônicos e na Primeira Sinfonia de Câmara (1906), foi seu o feito, inigualado no período, de dotar os novos acordes de funcionalidade formal, em desenvolvimentos conduzidos com firmeza digna de Brahms. Somente em suas canções e nos *Gurrelieder* ele se confiou ao lirismo, embora ainda aqui a música esteja cheia daquelas tramas contrapontísticas pelas quais mantinha constante o movimento, num mundo de diversidade harmônica.

Frontispício de Rochegrosse para a primeira edição da ópera de Debussy. A gravura romantiza inadequadamente a cena em que Pelléas e Méllisande são surpreendidos pelo marido dela, Golaud.

Arnold Schoenberg em 1910, pouco antes de concluir os *Gurrelieder*.

A renovação do contraponto como força motriz também pode ser constatada na música de Max Reger (1873-1916), embora em seu caso se verifique uma certa dissonância estilística entre a cerrada polifonia bachiana e o peso harmônico que é chamada a suportar. Reger evitava programas ou fontes poéticas em suas obras instrumentais, e embora tenha escrito grande número de canções, foi eminentemente um compositor para orquestra, conjuntos de câmara e órgão. Ele frequentemente moldava na forma de variações sua música densamente trabalhada, mas também reviveu a fuga e outros modelos barrocos, sempre com a preocupação de deter a onda de anarquia formal desencadeada pelo cromatismo. Os resultados, no entanto, antes ilustram o problema que lhe apresentam soluções, como lograriam as obras de Schoenberg.

Outro músico que se voltou para o barroco no empenho de disciplinar o cromatismo foi o compositor e pianista ítalo-germânico Ferruccio Busoni (1866-1924), cujos amplos horizontes estendiam-se ainda à harmonia debussista, à música índia norte-americana, à retórica romântica e à saborosa vivacidade do Renascimento italiano. Ele foi sob certos aspectos o oposto de Mahler, abrindo-se a todas as experiências, mas de um ponto de vista exterior; sua obra-prima, a ópera *Doktor Faust* (1916-24), deve mais à parábola e ao mistério sacro do que à autobiografia, conquanto Busoni certamente se identificasse com a busca do conhecimento universal protagonizada por Fausto. Sua produção é imensamente diversificada, mas ele nunca ousou tanto em música quanto em seu *Esboço de uma nova estética da música* (1907, ampliado em 1910), no qual fala das possibilidades de escalas radi-

Max Reger à frente de uma orquestra.

Ferruccio Busoni em retrato de Edmond X. Kapp traçado durante um concerto de obras de Beethoven em Londres, 1920.

calmente novas e até de musica eletrônica, na época pouco mais que um vago sonho.

Strauss, Mahler, Schoenberg, Reger e Busoni viveram e trabalharam no coração da tradição musical germânica, e era portanto natural que suas respostas à crise da composição tonal fossem a um tempo restauradoras e exploratórias. Schoenberg terá sido o mais consciente da necessidade de estabelecer bases funcionais para a expansão da harmonia tonal, de modo a preservar o completo desenvolvimento musical. Busoni pode ser considerado o mais aberto, e certamente o foi em seu manifesto. Mahler foi talvez o mais audacioso na busca interior de respostas, abrindo a música à expressão plena e intensa da personalidade. Mas todos os cinco, por diferentes que fossem seus métodos e objetivos, tiveram de enfrentar o mesmo problema: criar música na ausência das velhas certezas harmônicas.

Fora da Áustria e da Alemanha, o problema parece ter sido sentido de forma menos aguda pelos compositores. É significativo, por exemplo, que depois de Mahler os grandes sinfonistas tenham surgido fora da região que desde Haydn constituía o berço da sinfonia. E as obras compostas na

Jean Sibelius. Óleo de Akseli Gallen-Kallela, seu compatriota e amigo.

primeira década do século XX por Edward Elgar (1857-1934) ou Carl Nielsen (1865-1931) evidenciam muito menor tensão harmônica que as de seus contemporâneos austro-germânicos. Houve também aqueles compositores, como Jean Sibelius (1865-1957) e Ralph Vaughan Williams (1872-1958), que conseguiram desenvolver novos estilos sinfônicos no quadro do sistema diatônico.

O longo silêncio de Sibelius, que em seus últimos trinta anos quase nada compôs, pode ser um indício da dificuldade de se ater à composição tonal no século XX. E no entanto, compositores como William Walton (1902-83) e Samuel Barber (1910-81) foram capazes de perpetuar o romantismo tardio até o último quarto do século. Eis em realidade um aspecto insólito da música composta desde 1900: o fato de que tantos compositores tenham adotado uma posição "conservadora", trabalhando com materiais e métodos que poderiam parecer exauridos ou superados pelos avanços de técnica e sensibilidade. É claro que sempre houve confrontos e rivalidades, nas artes, entre "conservadores" e "radicais". A diferença, na música do século XX, está na abertura para tantas opções que não existe uma corrente única de desenvolvimento, nem uma linguagem comum como em épocas anteriores, mas todo um leque de meios e objetivos em permanente expansão. E o início da divergência pode ser localizado no período de 1890 a 1910, ponto culminante do romantismo tardio; pois foi a ênfase romântica no temperamento individual que preparou o colapso das fronteiras tonais reconhecidas.

3. Nova harmonia

O comentário de Debussy sobre a música de Wagner – "um belo crepúsculo que foi confundido com uma aurora" – contém a chave do romantismo tardio. Compositores de toda a Europa, inclusive o próprio Debussy, haviam peregrinado a Bayreuth, voltando seduzidos com o poderoso apelo da harmonia cromática wagneriana e convencidos de que ela poderia constituir a pedra angular de uma nova arte musical. Mas não raro ela os levou, isto sim, à imitação e ao maneirismo, pois àquela altura a harmonia já não era a base de uma linguagem comum, mas uma questão de estilo pessoal. Liszt afirmara que toda composição devia conter pelo menos um novo acorde, e esta insistência na inovação harmônica acarretou o enfraquecimento do sistema diatônico, do que constituem exemplo as obras tardias do próprio Liszt. Os mais bem-sucedidos entre os compositores que, ao contrário de Debussy, seguiram Wagner em linha mais ou menos direta – Mahler, Strauss e o jovem Schoenberg – sentiram a necessidade de se afastar cada vez mais das simples tríades em que se fundamenta a harmonia diatônica. E evidentemente tal processo não poderia continuar sem que fossem solapadas as bases do edifício tonal e o crespúsculo desse lugar à nova aurora da atonalidade.

O momento chegou no verão de 1908, quando Schoenberg musicava diferentes poemas de Stefan George: dois para os movimentos finais de seu Segundo Quarteto de Cordas (1907-08) e outros para um ciclo de quinze canções tiradas de *Das Buch der hängenden Gärten* (*O livro dos jardins suspensos*, 1908-09). Escrevendo em 1912, Schoenberg recordava ter composto as canções do ciclo "inebriado pelas palavras iniciais do texto, (...) sem dar a menor importância à continuação do poema, sem sequer percebê-la no êxtase da composição". Ainda assim, parece provável que as imagens de George – imagens de serena espera, isolamento do mundo quotidiano e sensibilidade erótica em suspensão – contribuíram para conduzi-lo a um universo liberto das atrações gravitacionais da tonalidade. É o que se torna explícito no quarteto, no qual, após dois movimentos no antigo estilo diatônico expandido, os quatro instrumentos abordam um movimento lento atonal, e uma voz de soprano entra, no finale, sobre o verso "Sinto o ar de um outro planeta".

Os escritos de Schoenberg sugerem nitidamente que o rompimento da barreira tonal não foi empreendido em plena excitação da descoberta, mas com dificuldade e uma sensação de perda ante o que estava sendo abandonado. Pois Schoenberg não era um vanguardista: ele encarava sua incursão pela atonalidade como inevitável consequência do que viera antes, e se sentia impelido a seguir em frente, mesmo contrariando sua vontade consciente. Ele teria desejado dedicar-se mais à investigação do rico estilo diatônico da recente Primeira Sinfonia de Câmara, mas só na década de 30 seria capaz de fazê-lo. Além disso, abandonar a harmonia diatônica era privar-se da principal sustentação da música que mais venerava, a da tradição, austro-germânica de Bach a Brahms. Sem uma forte compulsão, ele teria provavelmente julgado impossível penetrar o universo da atonalidade; e com efeito manteve-se em quase total silêncio durante sete anos, após o primeiro jorro de obras atonais. Naquele momento, no entanto, a força histórica era irresistível e profundamente perturbadora: "Eu tinha a sensação", ele recordaria, "de ter caído num oceano de água fervente (...) que não só queimava minha pele, mas queimava por dentro."

A mesma força foi sentida nessa época por outros compositores, sem que por isso fossem levados a juntar-se a Schoenberg. Em suas óperas *Salomé* (1903-05) e *Elektra* (1906-08), Richard Strauss avançou até o limiar da atonalidade, mas acabaria recuando para o confortável pasticho de *Der Rosenkavalier* (*O Cavaleiro da Rosa,* 1909-10). A Quarta Sinfonia (1910-11) de Sibelius quase pode ser considerada um estudo sobre o trítono, intervalo desintegrador da tonalidade, mas tampouco ele avançou mais em novos territórios. No único movimento concluído de sua Décima Sinfonia (1909-10), um adágio, Mahler mergulhou bruscamente no abismo atonal com um acorde de dez notas que funciona como terrível sinal de pontuação, e é impossível imaginar aonde chegaria se ainda tivesse vivido mais de um ano. Aleksandr Skryabin (1872-1915) também morreu quando sua música estava a ponto de abandonar a tonalidade, e antes que pudesse despedir-se do mundo material em êxtase místico numa cerimônia de música, poesia, luzes, perfumes e dança que planejava organizar em um templo do Himalaia.

Visto que a pressão parece ter sido geral, caberia perguntar por que foi Schoenberg o primeiro a dar o passo em direção à atonalidade. Sua própria resposta – tinha de ser alguém – é típica: não seria possível resistir ao imperativo histórico. Mas poderíamos invocar outras causas mais diretamente relacionadas

Aleksandr Skryabin, cujas preocupações místicas o levaram ao limiar da atonalidade.

a ele mesmo. Como demonstram suas obras pré-atonais, Schoenberg tinha aguda consciência de que as inovações harmônicas de seu tempo ameaçavam os fundamentos diatônicos da música, pois sua reação consistiu em reforçar o arcabouço formal – essencialmente no âmbito harmônico –, forçando os novos acordes a exercer uma função estrutural. No fundo, entretanto, ele parece ter reconhecido que esta só poderia ser uma solução temporária, e que a exigência de adequação diatônica era cada vez menos justificada pelo material utilizado nos acordes: declarou certa vez que há alguns anos vinha meditando o passo que deu em *Das Buch der hängenden Gärten*.

Também é possível que o afrouxamento final das amarras tonais tivesse alguma relação com episódios de sua vida pessoal. No verão de 1908, no exato momento das primeiras composições seriais, sua mulher deixou-o por um período para viver com o pintor Richard Gerstl, amigo de ambos. A dor e a desilusão certamente se refletem no Segundo Quarteto de Cordas, e podem ter apressado a evolução de Schoenberg para um estilo destituído de alicerces. Mesmo em termos expressivos, no entanto, esta não pode ter sido a causa única.

A ruptura configurada na passagem à atonalidade foi um passo necessário em seu processo cada vez mais aguçado de descoberta das próprias emoções, pois a revelação das fontes profundas da personalidade exigia meios musicais absolutamente pessoais, e não mais derivados da tradição. A atonalidade era o único veículo possível para o expressionismo.

As primeiras obras expressionistas de Schoenberg, o Segundo Quarteto e o ciclo de canções inspirado na poesia de Stefan George, contrastam vivamente com a maioria de suas partituras anteriores, e não apenas em termos harmônicos. A textura é leve, rápido o movimento; e o tom é mais lírico que dramático, pois o drama dependia das tensões harmônicas agora dissolvidas. Mas logo as coisas mudariam. Em duas obras de 1909, as Três Peças para Piano e as Cinco Peças Orquestrais, Schoenberg ao mesmo tempo reintroduziu formas dramáticas e pela primeira vez compôs atonalmente sem o estímulo e o apoio de um texto. A terceira peça orquestral, no entanto, baseava-se numa impressão visual – a dos primeiros raios solares refletidos nas águas de um lago –, interpretada em sutis oscilações de cor e harmonia em meio a uma enigmática quietude.

Autorretrato a óleo de Schoenberg, um dos muitos que pintou por volta de 1910, quando começava a explorar a atonalidade.

Capa de Jean Delville para a primeira edição do *Prometheus* de Skryabin, em concepção gráfica que anuncia o caráter apocalíptico da obra.

Algo aqui evoca o olhar arregalado dos autorretratos que Schoenberg pintou no mesmo período. Ele não deixaria de ser um pintor amador, mas produziu grande número de telas durante os anos expressionistas, conquistando seus quadros o respeito de Kandinsky e outros integrantes do grupo Blaue Reiter. Essa inesperada explosão criativa em uma outra arte pode ser compreendida à luz do sentimento, então generalizado, de que o artista estava possuído de uma visão que reclamava expressão em qualquer forma; o que importava não era a forma, mas a visão, a verdade e não a técnica.

As visões mais complexas e universais podiam exigir revelação em várias artes, como Skryabin planejava para sua cerimônia de cataclismo espiritual. Esta combinação de artes, outra herança de Wagner, foi prenunciada por Skryabin em *Prometheus* (1910), composto para piano, orquestra, órgão, coros

Figurinos de Schoenberg para a Mulher e o Homem em seu drama lírico *Die glückliche Hand.*

sem palavras e "clavier à lumières". Este último, um instrumento imaginário, participa da notação musical tradicional, mas a intenção de Skryabin não era extrair de suas teclas notas musicais, mas intensas luzes coloridas que se derramariam pela sala de concerto - vermelho para o dó, rosa alaranjado para o sol, e assim por diante.

De Skryabin, a corrente de influência passou pelo amálgama de música, movimento e luz criado por Kandinsky em *Der gelbe Klang* (O som amarelo), e chegou a Schoenberg com *Die glückliche Hand* (A mão feliz, 1910-13). Esta obra dramática foi concebida por Schoenberg em todas as suas partes, devendo o texto, os cenários, figurinos e minuciosas indicações de iluminação aliarem-se estreitamente à música. O tema, tratado à maneira simbolista da obra de Kandinsky, é o do artista criador que deve renunciar às recompensas pessoais no mundo para se consagrar à expressão de verdades mais altas – um tema a que Schoenberg voltaria incessantemente.

Die glückliche Hand foi antecedida de outra breve obra dramática de menor significação pessoal, mas de extraordinária penetração psicológica: *Erwartung* (A espera, 1909). Aqui, o personagem único é uma mulher a esquadrinhar uma floresta em busca do amante que a abandonou, e a música, sensível a cada movimento emocional, segue o rastro dos temores, dos acessos de ciúme e de culpa, das doces lembranças que a sobressaltam. Schoenberg compôs em dezessete dias o essencial da peça, que dura meia hora, e em mais três semanas havia concluído sua orquestração complexa e refinada. Como frequentemente lhe ocorria, o impulso criativo deve ter sido irresistível, forçando-o a trabalhar "como um sonâmbulo hipnotizado que revela

Esboços de Schoenberg para a cena da floresta no monodrama *Erwartung*.

segredos sobre coisas a respeito das quais nada sabe quando acordado", para citar o que ele considerava uma "extraordinária síntese" de Schopenhauer sobre a arte da composição musical.

Nem só *Erwartung*, mas toda a música de Schoenberg neste período atonal dá a impressão de que brotou impremeditada das profundezas de sua mente, produto de um processo de autoanálise. Era música tão pessoal, e tão pouco filtrada pelo intelecto, que ele não se sentia capaz de ensinar a composição atonal: é provável que sequer tivesse consciência plena de seus métodos. Pelo final da vida, ensinou - e brilhantemente - com base nos grandes clássicos austro-germânicos dos séculos XVIII e XIX; e em 1910-11, quando vinha de concluir obras-primas atonais como *Erwartung* e as Cinco Peças Orquestrais, escreveu um tratado de harmonia em que a atonalidade figura apenas como *post scriptum*. Schoenberg não tinha tempo para alunos de composição que o procuravam querendo aprender os rudimentos da revolução, mas tampouco desmerecia os que não se sentiam capazes de acompanhá-lo em território desconhecido. O estilo musical era uma questão individual, e a principal lição que transmitia era a de que incumbe ao artista a responsabilidade moral de ser fiel a sua própria visão.

Ainda assim, seus primeiros e mais talentosos alunos, Alban Berg (1885-1935) e Anton Webern (1883-1945), não tardariam a segui-lo na composição atonal. Ambos lhe estavam muito chegados à época de suas primeiras obras atonais, e é possível que o apoio deles, próximo da veneração, tenha sido valiosíssimo quando Schoenberg afinal tomou um caminho no qual estava certo de só encontrar hostilidade. Webern seguiu fielmente o exemplo do mestre, abordando a atonalidade através da poesia de George, em quatorze canções de 1907-09, e em 1909-10, seguiu-se a primeira obra atonal de Berg, um ciclo de canções para poemas de Hebbel e Mombert. No entanto, essas obras não são meras projeções da sombra de Schoenberg. Berg e Webern também se haviam sentido pressionados para a atonalidade em composições anteriores, e os três prosseguiram por caminhos paralelos, unidos mas independentes. As primeiras canções atonais dos dois discípulos são absolutamente características, concisas e puramente líricas as de Webern, nostalgicamente voltadas para o passado as de Berg. Além disso, Berg e Webern deviam tanto a Mahler quanto a Schoenberg, o que naturalmente se evidencia melhor em suas obras orquestrais: em termos de instrumentação e expressão, as Seis Peças Orquestrais de Webern (1909-10) e as Três Peças Orquestrais de Berg (1914-15) estão mais próximas da Sexta Sinfonia de Mahler do que do ciclo composto por Schoenberg em 1909. Em ambos os casos encontramos uma marcha mahleriana, e uma retórica muito peculiar a Mahler, mas totalmente estranha a Schoenberg e seu expressionismo de profunda busca interior.

À parte a "segunda escola vienense" de Schoenberg, Berg e Webern, poucos compositores aderiram à atonalidade, e os que o fizeram mantiveram-se a certa distância do círculo de Viena. Edgard Varèse ficou profundamente impressionado com as Cinco Peças Orquestrais de Schoenberg, mas suas primeiras obras importantes, compostas depois de ter trocado a França por Nova York em 1916, não se inspiram menos em Debussy e Stravinsky. Outros compositores, estes de nacionalidade norte-americana, como Charles Ives, Carl Ruggles e Henry Cowell, parecem ter chegado à atonalidade com pouco ou nenhum conhecimento do que se passava na Europa, e de um ponto de vista diferente, ignorando a tradição em vez de tomá-la como ponto de partida. Na Rússia, nos anos em torno da revolução de 1917, alguns compositores adotaram a atonalidade, não através de Schoenberg, mas sob a influência das obras tardias de Skryabin. As Duas Composições para piano (1915) de Nikolai Roslavets (1880-1944), por exemplo, são atonais e chegam a prenunciar a invenção do serialismo por Schoenberg. como meio de controlar conscientemente a forma atonal. Mas o crescente controle político das artes na União Soviética, após a morte de Lênin, impediria novos avanços neste sentido, e os compositores soviéticos mais ousados foram obrigados a emigrar ou, como Roslavets, viver em obscuro esquecimento.

Foram várias as razões pelas quais a música atonal de Schoenberg, Berg e Webern teve limitada sua influência imediata. Embora as partituras de Schoenberg fossem em geral publicadas dois ou três anos depois de compostas, a maior parte das obras de Berg e Webern permaneceu em forma manuscrita até os anos 20. Além disso, as execuções eram raras, e no caso de Schoenberg geralmente frustrantes. *Erwartung* só seria montado em 1924, e as Três Peças Orquestrais de Berg só foram ouvidas integralmente em 1930. Gravações comerciais praticamente inexistiam até a década de 50. E quando o público tinha a oportunidade de ouvir música de Schoenberg e seus discípulos, a reação era violentamente agressiva. Em 1913, Schoenberg dirigiu em Viena um concerto em cujo programa figuravam duas obras atonais, as Seis Peças Orquestrais de Webern e as recentes canções de Berg para soprano e orquestra, sobre poemas de Peter Altenberg. Foi tal o clamor que as canções não puderam ser concluídas e a polícia teve de ser chamada.

Schoenberg acabaria compreendendo essa exagerada aversão: "Pode ter sido o desejo de se livrar daquele pesadelo, daquela tortura dissonante, daquelas ideias incompreensíveis, de toda aquela metódica loucura – e devo admitir que as pessoas que se sentiam assim não eram más". Como zeloso guardião da tradição, ele reconheceu quão desconcertante sua música devia ser para aqueles que tinham por absolutas as convenções diatônicas. Como indica o uso da palavra "pesadelo", no entanto, a objeção atingia tanto o que ele expressava quanto a

Alban Berg em retrato a óleo de seu mestre Schoenberg, com quem estudou de 1904 a 1910, e a quem dedicaria quatro importantes obras, entre elas as Três Peças Orquestrais e a ópera *Lulu*.

maneira como expressava. Nem poderia ser de outra forma: a atonalidade surgira da necessidade de revelar os estados emocionais mais extremos e intensos, e só poderia traduzir – foi o que pareceu por certo tempo – os sentimentos mais perturbadores. Schoenberg quis demonstrar que suas possibilidades eram mais amplas, e em 1912 empreendeu a composição de uma obra em "tom leve, irônico e satírico": *Pierrot Lunaire.*

Ao contrário de suas outras obras atonais, *Pierrot* logo seria executado um bom número de vezes; encontrando relativo sucesso junto ao público e atraindo a atenção de compositores estranhos a seu círculo mais próximo: Debussy, Stravinsky e Ravel tiveram todos o que aprender nessa partitura. O interesse que ela despertou devia-se em parte à escolha de um tema que estava no ar, de um personagem da *commedia dell'arte,* estranha criatura dotada de ideias e sentimentos mais elevados do que permitiria supor sua personalidade estereotipada. Meio títere meio ser sensível, Pierrot era uma imagem das dúvidas contemporâneas quanto ao poder do homem sobre si mesmo, imagem que igualmente fascinaria Stravinsky (em *Petruchka*) e Picasso.

Pierrot Lunaire é uma obra ambígua sob muitos aspectos. A solista deve recorrer ao Sprechgesang, tipo de vocalização entre o canto e a fala. Nos poemas, traduções alemãs de versos de Albert Giraud, a narração passa constantemente da primeira à terceira pessoa, e vice-versa. A peça não se destina claramente ao teatro nem à sala de concerto, não tendo sido escrita para uma cantora; mas para uma atriz, que se apresentou caracterizada na estreia. O estilo fica a meio caminho entre a música "séria" e de cabaré, sendo a voz solista acompanhada por um pequeno conjunto de flauta, clarineta, violino, violoncelo e piano (em 1901, Schoenberg escrevera algumas canções para um cabaré literário de Berlim). Acima de tudo, transparecem em meio ao "tom

O *Pierrot Lunaire* de Schoenberg interpretado pelo mezzo-soprano galês Mary Thomas em 1974, ano do centenário do compositor.

leve, irônico e satírico" sentimentos de aterrorizada solidão, violência assassina, exaltação macabra e desesperada nostalgia. Em 1908-09, Schoenberg expusera abertamente tais emoções; agora, fazia-o sob a máscara da ironia, o que inevitavelmente impunha uma mudança de estilo. Embora ainda seja livremente atonal, *Pierrot* retrocede à adequação contrapontística e assim prepara o caminho para a organização da atonalidade que Schoenberg realizaria no serialismo.

Mas para isto ainda seriam necessários oito anos, e à falta de um método Schoenberg guardou quase completo silêncio. Finalmente, concluiu *Die glückliche Hand;* trabalhou durante três anos nas Quatro Canções Orquestrais; e mergulhou em seu oratório *Die Jakobsleiter* (A escada de Jacó, 1917-22) sem conseguir terminá-lo. *Die Jakobsleiter* foi sua primeira tentativa de explicitar as questões morais e religiosas a que voltaria insistentemente nas obras das duas últimas décadas, em particular a ópera *Moses und Aron.* Aqui, no entanto, as imagens verbais e visuais provêm antes de Swedenborg,* via Strindberg e Balzac, que do judaísmo. O tema do oratório é a conquista da perfeição espiritual mediante luta e oração, começando com uma veemente exortação do arcanjo Gabriel que poderia servir de lema para Schoenberg: "Segue em frente sem perguntar o que te espera".

Die Jakobsleiter deveria reunir uma enorme quantidade de executantes em seu final: "O coro e os solistas vêm juntar-se", anotou Schoenberg, "sobretudo no palco, de início, e em seguida a distância cada vez maior - coros e orquestras dispostos nos bastidores -, de tal modo que, na conclusão, a música se derrama de todos os lados pelo salão". Como Skryabin em seu derradeiro projeto, Schoenberg deve ter pretendido um efeito impressionante sobre sua plateia, e mesmo inacabado o oratório é uma excelente demonstração de que na arte expressionista, em Schoenberg como em Strindberg, a mais extravagante psicologia não encobria as preocupações com a revelação espiritual. As canções atonais compostas por Webern mais adiante, entre 1921 e 1924, recorrem todas a textos religiosos, e em 1913 Berg planejara uma sinfonia de final swedenborguiano. Desistindo desta ideia, voltou-se para a composição

* Emanuel Swedenborg (1688-1772), cientista, filósofo e teólogo sueco, cuja obra, centrada inicialmente nas ciências naturais e matemáticas e na filosofia da natureza, desembocou depois de crises místicas e experiências extrassensoriais em ambiciosas sínteses cosmogônicas fundadas na exegese bíblica. Precursor do espírito romântico e das tentativas de comprovação científica dos fenômenos psíquicos e da imortalidade da alma, influenciou artistas e pensadores como Goethe, Schelling, Balzac, Baudelaire, Yeats e sobretudo seu compatriota, o dramaturgo August Strindberg (1849-1912). Já nos anos 1780 surgiam as primeiras sociedades swedenborguianas, que evoluíram nos países anglo-saxônicos para a fundação de uma Igreja Geral da Nova Jerusalém. (N.T.)

das Três Peças Orquestrais, que já não levariam a uma obra religiosa, mas ao mais acabado exemplo da força da atonalidade como meio de caracterização psicológica: a ópera *Wozzeck* (1917-22).

Berg baseou sua ópera na peça fragmentária de Georg Büchner, centrada no personagem inadaptado do pobre soldado que é vítima dos que o cercam: sua frívola amante Marie, que na verdade só ama a si mesma e ao filho; o Capitão de crueldade zombeteira; o Doutor enlouquecido que solapa a força de Wozzeck usando-o como cobaia dietética; o grosseiro Tambor-Mor, que perversamente se vangloria de ter conquistado Marie. Cada um dos protagonistas é retratado por Berg com extraordinário vigor, derivado – como em *Erwartung* – das mais amplas possibilidades melódicas e harmônicas inauguradas pela atonalidade. Mas a ópera de Berg difere do monodrama de Schoenberg em suas referências diretas à tonalidade, que permitem ao compositor envolver em compaixão os acontecimentos e atitudes, por aberrantes que sejam. Berg não emite julgamentos: mostra o mundo tal como é, e tendente a continuar assim.

Wozzeck extrai sua coerência não só dessa compaixão e da concomitante estabilidade harmônica, mas ainda da utilização de formas estabelecidas como

O laboratório do Doutor, em cenário para a estreia da ópera *Wozzeck*, de Berg, em Berlim, 1925.

base de cada cena ou ato: sinfonia, passacaglia, invenção sobre um tema e assim por diante. Voltavam, aqui, as velhas formas; o velho contraponto havia sido recuperado no *Pierrot Lunaire;* estava aberto o caminho para a formalização da atonalidade no serialismo.

Em obras como *Wozzeck* e *Pierrot Lunaire* a atonalidade demonstrou fartamente ser o caminho mais fecundo após o aparente esgotamento do velho sistema diatônico, mas não era o único. As possibilidades se ampliavam com a combinação de mais de uma tonalidade ao mesmo tempo (politonalidade) ou a utilização na oitava de divisões menores que o semitom convencional. A politonalidade foi empregada por Igor Stravinsky (1882-1971) em seu balé *Petruchka* - em que o dilacerado desespero do personagem central é representado pela execução simultânea do dó maior e seu antípoda, fá sustenido maior - e tornou-se a marca registrada da abundante produção de Darius Milhaud (1892-1974).

Da mesma forma os microtons (intervalos menores que o de um semitom) ficaram associados ao nome de Alois Hába (1893-1972), que pela primeira vez usou quartos de tom em sua Suíte para orquestra de cordas (1917), e viria a compor uma série de obras, inclusive óperas, em quartos de tom e sextos de tom. Mas Hába fora precedido pelo compositor mexicano Julian Carrillo (1875-1965), que começou a estudar os quartos de tom na última década do século XIX, e cuja evolução seria assinalada por partituras em oitavos e até dezesseis avos de tom. Outro pioneiro independente foi Ivan Vishnegradsky (1893-1979), cujas primeiras peças em quartos de tom datam de 1918; e os quartos de tom foram também outro dos fenômenos excêntricos explorados por Charles Ives.

Um dos problemas apresentados pela música de microtons era o da execução, já que os instrumentos musicais são feitos para tocar em semitons. Ives e Vishnegradsky superaram a dificuldade empregando dois pianos afinados com diferença de um quarto de tom, enquanto Carrillo e Hába fizeram construir instrumentos especiais. Os instrumentistas de cordas e os cantores eram capazes de tocar ou cantar em microtons, mas o efeito era frequentemente insatisfatório, e mesmo de música comum mas desafinada. A música microtonal só floresceria com o rompimento de todas as barreiras possibilitado pelos meios eletrônicos.

Se a politonalidade e os microtons ofereceram uma expansão limitada às possibilidades musicais, a atonalidade abriu-lhes um campo vastíssimo. Com efeito, pode-se dizer que a revolução de Schoenberg afetou toda a música ocidental culta desde 1908, pois embora muita música tonal tenha sido composta desde então (inclusive pelo próprio Schoenberg), o repúdio de uma mudança tão fundamental não pode deixar de ser encarado como uma decisão de peso no momento da criação.

4. Novo ritmo, nova forma

Em maio de 1913, sete meses após a primeira execução de *Pierrot Lunaire*, os Ballets Russes de Sergei Diaghilev promoveram em Paris as estreias mundiais de *Jeux*, de Debussy, e *A Sagração da Primavera*, de Stravinsky. Com estas obras completavam-se os alicerces da música moderna, pois as aventuras harmônicas do atonalismo de Schoenberg eram igualadas em audácia e influência pelo novo manancial rítmico revelado na *Sagração* e a liberdade formal de *Jeux*. É claro que somente em análise superficial se poderia separar os elementos harmônicos, rítmicos e formais – intervalos, tempo e estrutura – de uma peça musical: eles são interdependentes, e inevitavelmente Schoenberg, Stravinsky e Debussy inovaram em cada uma dessas frentes. Foram todavia a harmonia de Schoenberg, o ritmo de Stravinsky e a forma de Debussy que maior interesse despertaram e mais importância tiveram para os compositores no decorrer do século.

A novidade rítmica da *Sagração da Primavera* foi imediatamente reconhecida; teria sido difícil ignorá-la. Na noite de estreia, como recordaria Stravinsky, "já os primeiros compassos do prelúdio (...) provocaram risos de escárnio. Eu fiquei revoltado. Essas manifestações, a princípio isoladas, logo se generalizaram, levando por sua vez a reações contrárias e se transformando rapidamente em um tumulto indescritível". A plateia provavelmente reagia tanto à partitura quanto à coreografia de Nijinsk, "uma criação excessivamente rebuscada e estéril", na opinião de Stravinsky; mas logo a música se tornaria objeto específico de um furioso debate. Alguns a condenavam como bárbara destruição de tudo que a tradição musical representava, enquanto outros – visto que estávamos em Paris – elogiavam-na pela mesma razão. A verdade é que Stravinsky havia encontrado uma nova força dinâmica para a música. Como Schoenberg, ele percebera que o crescente cromatismo estava debilitando na harmonia diatônica o poder de sustentação do movimento musical, mas a solução que encontrou foi muito diferente. A *Sagração* demonstrou com força quase selvagem que o ritmo podia ser um novo impulso motivador.

Na imensa produção musical acumulada desde o Renascimento, o ritmo esteve sempre subordinado à melodia e à harmonia, quando não era determinado por um texto. Isto não significa que não tivesse importância, e mesmo uma importância extraordinária em obras como a Quinta Sinfonia de Beethoven, mas simplesmente que ocupava uma posição subalterna: o ritmo em Beethoven sustenta e intensifica um desenvolvimento fundamentalmente harmônico. Na *Sagração da Primavera*, em contraste, e particularmente na "Dança do Sacrifício" final, é o ritmo que conduz a música, ficando a harmonia relegada a segundo plano. Grande parte da "Dança do Sacrifício" é composta de "células" de uma a seis notas aproximadamente, em vez de frases à maneira convencional. Frequentemente essas células são fortemente acentuadas, e a música avança mediante sua repetição, interposição e variação – procedimento que, dada a duração desigual das células, exige constantes mudanças de andamento. A medida de tempo deixa de obedecer às barras de compasso, passando a depender da duração individual de colcheias e semínimas.

Detalhe do caderno de esboços multicoloridos de Stravinsky para *A Sagração da Primavera*.

Trecho da "Dança do Sacrifício" na edição revista (1947) da *Sagração da Primavera*. Os três últimos compassos correspondem ao rascunho reproduzido na p. 39.

A Sagração da Primavera regurgita de novas formulações rítmicas. Já na abertura um solo de fagote lança por terra o preceito da barra divisória de uma outra maneira, ignorando-o e prosseguindo sem indicação métrica perceptível; e outras passagens são sincopadas em conflito com a métrica indicada. Mas o que imediatamente atraiu a atenção dos contemporâneos de Stravinsky não foi a sutileza do ritmo, mas a força primitiva, a energia contundente da partitura. Afinal, a música da *Sagração* foi concebida para acompanhar "cenas de alegria terrena e triunfo celestial característicos do temperamento eslavo", para citar o autor do enredo, Nicolas Roerich. Stravinsky não pretendeu criar um compêndio de novas ideias rítmicas; elas surgiram espontaneamente, e ele se deu conta de que estava inventando música que a princípio não sabia como anotar. Foi, como escreveria mais tarde, "o recipiente através do qual passou a *Sagração*".

Na produção anterior de Stravinsky, poucos indícios haviam preparado a furiosa arremetida da *Sagração*, por inevitável que a obra possa parecer retrospectivamente. Como discípulo de Rimsky-Korsakov, ele havia desenvolvido um domínio do colorido orquestral que aplicara em sua primeira partitura de balé para Diaghilev, *O Pássaro de Fogo* (1909-10). Tratava-se de

Concepção cênica para *A Sagração da Primavera* por Nicholas Roerich, também responsável pelo enredo do balé.

um brilhante e exótico conto de fadas à maneira do mestre, embora também evidenciasse conhecimento do que Skyabin e Debussy vinham realizando. De estilo muito mais pessoal é o segundo balé composto para Diaghilev, *Petruchka,* no qual o ritmo já começa a tornar-se o mais importante elemento estrutural e expressivo, estreitamente associado à movimentação cênica: a animação de uma feira, ou a gesticulação desajeitada do fantoche humanizado que serve de herói. Mas *Petruchka* deve sua vitalidade rítmica mais aos ostinatos e irregularidades de métrica que à técnica celular desenvolvida na *Sagração.*

A ideia do novo balé foi do próprio Stravinsky, e ocorreu-lhe num sonho: "Eu vi em imaginação", escreveu, "um solene ritual pagão: os velhos sábios sentados em círculo observam a dança de uma jovem que será sacrificada para tornar propício o deus da primavera". Examinando este tema, ele sentiu emergirem "algumas lembranças inconscientes das tradições populares". Apropriou-se então de simples ideias diatônicas de caráter folclórico, e sobretudo inventou ritmos de uma força capaz de traduzir o que há de desenfreado e ao mesmo tempo premeditado nas danças rituais.

Por um certo período Stravinsky explorou os dois centros de interesses revelados na *Sagração*: a música e o imaginário da cultura popular, e as novas possibilidades rítmicas. Quanto a estas, a partitura teve expressiva continuidade nas Sinfonias para Instrumentos de Sopro (1920), que demonstram claramente as implicações estruturais do novo ritmo. Stravinsky percebeu que sua técnica celular não poderia levar com naturalidade às fluentes formas de desenvolvimento da tradição, e nas Sinfonias abandonou inopinadamente qualquer pretensão de conduzir a música por uma linha única de argumentação. Em vez disso, a obra é rigorosamente construída em forma de "blocos", oscilando constantemente entre diferentes tipos de música e repousando apenas quando afinal se manifesta o coral, o modelo básico mais estável em termos de ritmo. A peça nada tem, evidentemente, de uma sinfonia convencional, já no título indicando a pluralidade musical, e à parte isso nada mais que uma "reunião de sons".

Stravinsky escreveu as Sinfonias em memória de Debussy, que morrera em 1918, depois de compor uma série de obras em que suas próprias inovações atingiam um elevado grau de liberdade. Isto não foi reconhecido de imediato, entretanto, pois a coqueluche de Paris era agora Stravinsky: *Jeux* passou quase despercebido em meio à tempestade desencadeada pela *Sagração.* Debussy parece ter-se sentido algo espicaçado com o sucesso de Stravinsky, e em 1915 manifestou a opinião de que "o jovem russo se inclina perigosamente na direção de Schoenberg". Ele pensava talvez nos *Três Poemas da Lírica Japonesa* recém-compostos por Stravinsky, e nos quais a instrumentação e os estranhos matizes harmônicos refletem uma certa admiração pelo *Pierrot Lunaire.* À parte isto, a obra nada tem de schoenberguiana; mas para Debussy, no auge da Primeira Guerra Mundial, qualquer manifestação de respeito pela música austro-germânica moderna era repreensível. "Musicien français" era como ele orgulhosamente se apresentava no alto de cada novo manuscrito, tendo sempre em mente a renovação de uma certa tradição francesa de música abstrata, algo que deixara de existir em meados do século XVIII.

Para atingir essa meta, Debussy eliminou as referências visuais e literárias a que sua música recorria tão fartamente até então. Depois dos *Três Poemas de Mallarmé* (1913), ele não mais comporia música vocal de peso, progredindo lenta e intermitentemente em seus vários projetos dramáticos. Sua energia criativa canalizou-se daí em diante para obras de música pura: a suíte *En Blanc et Noir* para dois pianos, os Doze Estudos para piano e uma série de seis sonatas, das quais somente três viveria o bastante para concluir.

Ao lado de *Jeux*, essas obras mostram até onde Debussy desenvolveu o que prefigurava o *Prélude à l'Après-Midi d'un Faune. Jeux* subverte a norma tradicional da evolução contínua tanto quanto as Sinfonias para Instrumentos de Sopro de Stravinsky, mas de outra maneira. Em lugar de uma crua justaposição

Debussy e Stravinsky à época dos balés que criaram para Diaghilev, *Jeux* e *A Sagração da Primavera*. Stravinsky dedicou a Debussy o coro místico *Le Roi des Étoiles* (1911-12) e compôs em sua memória a Sinfonias para Instrumentos de Sopro (1920).

de ideias distintas, apresenta a música em permanente mudança, movendo-se nas direções mais inesperadas à medida que diferentes tipos de material são empregados, brevemente desenvolvidos e logo abandonados. Vez por outra, um tema é subitamente interrompido em plena evolução; com mais frequência, tem-se a impressão de uma substância musical fluida em que diferentes temas vêm à tona em diferentes momentos. A emancipação do desenvolvimento consecutivo, anunciada no *Prélude,* é completada nesta partitura, como aliás em "Jeux de Vagues", sessão central de *La Mer.* Nesta, o estímulo fora a tentativa de captar o movimento do mar, sempre diferente e no entanto sempre o mesmo, ao passo que em *Jeux* Debussy atingiu seu ideal de uma forma impalpável, criando um pano de fundo para as emoções fugazes e os movimentos caprichosos de um grupo de jovens durante uma partida de tênis. Pouco resta, aqui, do "impressionismo" descritivo.

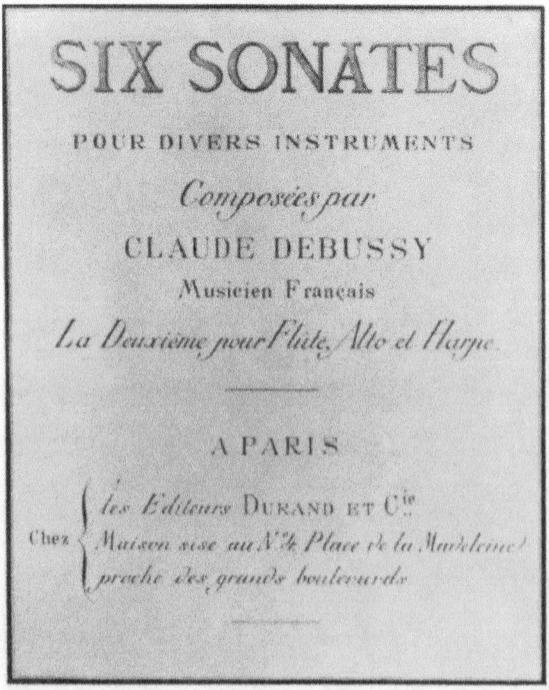

Folha de rosto da primeira edição da Sonata para flauta, viola e harpa de "Claude Debussy, musicien français". A concepção gráfica salienta a intenção de Debussy de restaurar o classicismo francês de Rameau.

Nas derradeiras sonatas, e sobretudo nos estudos para piano, Debussy ampliou ainda mais a liberdade conquistada. Anos antes, quando um professor do conservatório perguntou-lhe que regra de harmonia observava, ele respondera: "Meu prazer". Agora não parecia haver com efeito qualquer outra restrição, e estas últimas composições parecem refratárias à análise. O efeito produzido é frequentemente o de uma viva improvisação, e no entanto tem-se também a impressão de um rigoroso controle, provavelmente não menos intuitivo. Os encadeamentos harmônicos são transitórios e elásticos; ritmos e andamentos raramente se estabilizam por mais que alguns segundos; as referências temáticas são oblíquas, ou simplesmente é impossível discernir qualquer tema. Debussy tornara-se inteiramente ele mesmo, não obstante pudesse tomar empréstimos ao "jovem russo" no ritmo abrupto de seu último estudo para piano.

A ausência de relações formais claras da música tardia de Debussy também pode ser constatada nas obras atonais compostas por Schoenberg em 1909-11, pois ao abandonar a tonalidade este último privara-se de seu principal meio de garantir o desenvolvimento – e para um compositor cujo objetivo era o "desenvolvimento contínuo" esta perda deve ter sido tão desconcertante quanto a insegurança harmônica. Em algumas das Cinco Peças Orquestrais persistem contornos das formas estabelecidas, mas em outras – especialmente a terceira e a última – o fluxo musical é tão livre quanto em *Jeux*. Mas existe uma diferença. *Jeux* mantém a aparência de movimento simultâneo em vários planos, focalizando ora um ora outro, ao passo que a terceira peça de Schoenberg, a impressão de um lago ao alvorecer, é quase imóvel, e a quinta segue uma única linha de perpétua mudança.

Maior semelhança entre *Jeux* e as Cinco Peças Orquestrais está na comum diversidade rítmica e na utilização extraordinariamente sutil da orquestra. Para ambos os compositores, a orquestração era a esta altura parte integrante da invenção musical. Debussy já se encaminhava neste sentido na década de 1890, com o *Prélude à l'Après-Midi d'un Faune*, e mais radicalmente no projeto das *Trois Scènes au Crépuscule*, em que um solo de violino seria acompanhado no primeiro movimento por cordas, no segundo por flautas, metais e harpas, e no terceiro pelos dois grupos. Ele não chegaria a concretizar tão fundamental reformulação da orquestra, mas Schoenberg o fez. Cada uma de suas Quatro Canções Orquestrais de 1913-16 foi composta para um acompanhamento diferente e inusitado, pedindo a primeira seis clarinetas, trompete, três trombones, tuba contrabaixo, percussão e cordas sem violas.

Mas as diferenças estéticas entre Debussy e Schoenberg são mais dignas de nota que essas semelhanças. Embora frequentemente quebre as expectativas formais da harmonia diatônica, a música de Debussy não é atonal no detalhe. Seus acordes geralmente pertencem a algum modo ou escala, ainda que integrem uma estrutura de base atonal: como num sonho, a ideia inaceitável é envolta em imagens aceitáveis. Schoenberg, em contrapartida, queria que esta ideia, por mais difícil ou perturbadora, se expressasse sem ilusões nem subterfúgios; e foi sua música atonal de 1908-11 que expôs mais abertamente o que Debussy chamara de "a carne nua da emoção".

Por razões técnicas e psicológicas, tal posição não poderia ser sustentada por muito tempo. Depois das Cinco Peças Orquestrais, Schoenberg sentiu-se incapaz de compor obras de fôlego sem se orientar por um texto: suas únicas composições instrumentais atonais no período subsequente seriam algumas miniaturas, três peças para orquestra de câmara (1910) publicadas postumamente e as Seis Pequenas Peças para Piano (1911). Ele atribuía a dificuldade de compor música abstrata à falta de meios para o desenvolvimento coerente na atonalidade, mas parece razoável supor que também lhe fosse penoso continuar a expor tão completamente seus sentimentos íntimos. Os versos de um poeta forneciam não só uma base formal como a possibilidade de um distanciamento expressivo.

Também Webern experimentava nesta época a impossibilidade de compor música atonal de longa duração. Sempre o contrário de um compositor prolixo

Concepção cênica de Bonnard para nova produção de *Jeux* na Ópera de Paris, 1931.

O funeral de Mahler em óleo de Schoenberg pintado pouco depois da cerimônia, em 1911.

A última das Seis Pequenas Peças para Piano de Schoenberg. Esta obra, de extrema concisão, foi composta no dia 17 de junho de 1911 em memória de Mahler, morto um mês antes.

(seu movimento mais longo, a Passacaglia tonal para orquestra, dura aproximadamente oito minutos), ele se sentia incapaz em 1911-14 de criar peças de duração muito superior a um minuto. Sobre suas *Seis Bagatelas* para quarteto de cordas (1913), escreveu Schoenberg que expressam "um romance num simples gesto, a alegria num sussurro". Mas semelhante concisão não foi alcançada facilmente. Webern evocaria mais tarde a angústia sentida na criação das *Bagatelas*, de uma página cada: "Eu tinha a sensação de que, uma vez utilizadas as doze notas, a peça estava concluída. (...) Parece grotesco, incompreensível, e era extremamente difícil."

Assim como suas Cinco Peças Orquestrais (1911-13) e as Três Pequenas Peças para violoncelo e piano (1914), as *Bagatelas* primam pelo laconismo e o caráter exploratório. Sua escala de tempo e sua enigmática quietude – tão diversas do movimento dinâmico presente em quase todas as obras atonais de Schoenberg – equivalem às do haicai. Também no ritmo as peças de Webern têm algo de oriental, pois a pulsação regular dos compassos é dissolvida, dando lugar a tênues murmúrios sonoros ou ostinatos desprovidos de ênfase. O abandono da estrutura métrica lembra a direção em que Debussy se orientava na mesma época com *Jeux*, e constituiu uma revolução rítmica tão radical quanto a de Stravinsky, embora de natureza inteiramente diversa. Stravinsky insistia no valor individual das figuras, enquanto Webern eliminava tanto quanto possível a ideia de medida de tempo. Suas frases curtas não fazem promessas para o futuro, e os ostinatos parecem transcender o tempo em sua imobilidade.

Assim é que, às vésperas da Primeira Guerra Mundial, compositores de formação completamente diferente, tendo à frente Debussy, Schoenberg, Stravinsky e Webern, promoviam as mais rápidas e profundas mudanças jamais vistas na música ocidental. Em poucos anos os princípios estabelecidos de tonalidade, direcionamento e equilíbrio formal, continuidade temática, estabilidade rítmica e homogeneidade orquestral haviam sido questionados, às vezes todos de uma vez, como nas Cinco Peças Orquestrais de Webern. Tudo parecia indicar que a música nunca mais poderia ser a mesma; e no entanto o maior empenho dos compositores nos trinta anos subsequentes seria demonstrar exatamente que isto era possível.

5. Gênios nacionais

Quase todos os avanços realizados na música antes de 1914 tiveram lugar em duas cidades, Paris e Viena. Seria temerário adiantar uma explicação precisa para isto: a presença simultânea em Paris de Picasso e Stravinsky, por exemplo, é sugestiva, e no entanto eles só se encontrariam em 1917, alguns anos depois das revoluções do cubismo e da *Sagração*, consideradas análogas. Em Viena, Schoenberg estava ligado a homens como o pintor Oskar Kokoschka e o arquiteto Adolf Loos, sem falar de seus discípulos Berg e Webern. Mas tão importante quanto o apoio desse círculo de amizades era o estímulo da oposição mais geral. "Pode ser que tenhamos realizado algo", diria Schoenberg pelo fim da vida, "mas não é a mim que deve ser atribuído o mérito. O crédito deve ir para os meus adversários. Foram eles que realmente me ajudaram."

É possível que na Europa tenham sido necessários tanto o incentivo de uma comunidade artística identificada com os mesmos ideais quanto a provocação de um público refratário, mas nos Estados Unidos um compositor podia perfeitamente romper as amarras da tradição por sua própria conta. Charles Ives (1874-1951) foi capaz de ignorar as convenções e ir tão longe quanto qualquer de seus contemporâneos europeus em direção a novos horizontes musicais - e sob muitos aspectos mais longe ainda. Antes que pudesse ouvir uma única nota de Schoenberg ou Stravinsky, antes mesmo de maior contato com qualquer música posterior a Brahms, Ives já havia explorado a atonalidade, o ritmo livre, a harmonia de quartos de tom, a sobreposição de diferentes métricas, tonalidades e até diferentes tipos de música, a utilização de combinações instrumentais inusitadas, a disposição dos músicos em variadas localizações acústicas, a atribuição de uma ampla margem de liberdade ao executante e praticamente todas as demais técnicas novas praticadas pelos compositores no século XX. E o fez tranquilamente, quase desconhecido, trabalhando nas horas de lazer que lhe deixava sua bem-sucedida empresa de seguros.

Capa desenhada por Carl Ruggles em 1932 para a primeira das obras de Ives publicadas pela New Music Edition de Henry Cowell (ver pp. 105-106).

Charles Ives no Battery Park, Nova York, por volta de 1913.

Mas Ives não era um amador. Formado pela Universidade de Yale, ele compusera nos últimos anos do século passado sinfonias, canções, obras de câmara e música religiosa em que procurava conformar-se às boas maneiras acadêmicas que a maioria dos músicos norte-americanos aprendiam na Alemanha. Ives, no entanto, não foi a Leipzig, e logo tomaria novas direções, aplicando o que havia aprendido com seu principal professor, seu pai. George Ives, diretor de banda musical durante a Guerra de Secessão, transmitira ao filho a convicção de que não existiam regras em música, de que todo o universo dos sons estava aberto à prática e à experimentação.

Quanto à música tradicional, tudo indica que Ives filho pouco apreciava além da sua própria e de alguns outros norte-americanos não menos independentes com os quais só entraria em contato depois de praticamente deixar de compor, em 1918. Ele considerava Beethoven "um grande homem – mas que pena que não tivesse pelo menos um belo acorde independente de qualquer tonalidade". Para Ives, a música fora emasculada pela necessidade dos compositores de agradar a seu público; era preciso oferecer um alimento mais sólido aos ouvidos e ao espírito: ritmos complexos, texturas complicadas e acima de tudo acordes dissonantes. Sua reação às vaias durante a execução de uma obra de seu amigo Carl Ruggles é típica: "Seus maricas de uma figa", vociferou, "quando ouvirem música forte e máscula como esta, levantem-se e usem seus ouvidos como homens!"

Mas a disposição investigativa de Ives procedia de uma concepção filosófica mais profunda. A música era para ele expressão de emoções subjetivas, mas também tinha um poder de revelação transcendental, além de manter viva a promessa da utopia. "O interesse instintivo e progressivo de cada homem pela arte", escreveu, "se desenvolverá cada vez mais, sempre realizando as esperanças e dando origem a outras, sempre abrindo novos horizontes, até chegar o dia em que cada homem, cuidando de sua plantação de batatas, murmurará seus próprios poemas épicos, suas próprias sinfonias (ou óperas, se preferir); e sentado à noite no quintal em mangas de camisa, fumando seu cachimbo e observando os filhos entregues ao prazer de construir *seus* temas para as sonatas de *suas próprias* vidas, ele contemplará por sobre as montanhas suas visões feitas realidade, ouvirá os acordes transcendentais da sinfonia do dia ressoando em seus muitos coros, e em toda a sua perfeição, através do vento de oeste e da copa das árvores!"

Aí estão expressas a simpatia de Ives pelo trabalhador comum, sua insistência na integridade do indivíduo e sua visão transcendente, ideias herdadas do patrimônio cultural da Nova Inglaterra e de uma experiência de menino *yankee* para a qual se voltaria incessantemente em sua música. Esta independência e a total ausência de inibições podem ser consideradas características americanas em geral, mas sua música estava intimamente associada à história, à paisagem, à filosofia e à literatura do Massachusetts e do Connecticut. A Sonata *Concord* para piano (1909-15) foi uma resposta à obra dos escritores e pensadores ligados a esta cidade: Emerson, Hawthorne, os Alcott e Thoreau. A suíte orquestral *Three Places in New England* (1903-14) evoca lembranças pessoais de outras regiões de seu mundo de origem, descrevendo "Putnam's Camp", o "lugar" central, uma excursão infantil e o efeito causado num menino pelos emocionantes acontecimentos da guerra de independência.

Nesta obra, Ives teve de recorrer a seu gosto pela experimentação para representar, por exemplo, a chegada de um grupo em marcha enquanto prosseguem outras ações. Certas composições suas - como a peça atonal *Tone Roads* - parecem ter sido empreendidas num espírito de pura especulação, mas em geral suas inovações surgiam dessa maneira, inspiradas por uma imagem descritiva ou um texto. Não surpreende, assim, que seu gênio fecundo e excêntrico se expresse de maneira mais completa nas numerosas canções

Duty (1921), canção satírica de Ives com letra de Emerson. A parte de piano, com alguns acordes fisicamente impossíveis de tocar, é proposta como um ideal que o intérprete deve esforçar-se por atingir.

que escreveu, a maior parte delas para poemas de autores americanos e dos grandes românticos ingleses. Nesse contexto ele podia revelar sua robusta autoconfiança e seu sentimentalismo, sua imitação da natureza e sua capacidade de enxergar mais longe, sua fé na democracia do homem comum e sua veneração por Deus.

Como Schoenberg, Ives preocupava-se menos com o que chamava a "maneira" da música do que com sua "substância" (Schoenberg teria empregado as palavras "estilo" e "ideia"). Mas estava disposto a ir mais longe que Schoenberg na recusa das limitações tradicionais para dar expressão adequada à substância. Pouco se importava às vezes com as possibilidades técnicas de executantes e instrumentos: "Por que não poderia a música sair de um homem como chega a ele, sem ter de escalar uma barreira de sons, tóraxes, categutes, cordas, madeiras e metais? (...) É culpa do compositor se o homem só tem dez dedos?"

Tampouco encarava as partituras como enunciados definitivos, e muito depois de encerrado o período de criatividade mais intensa ainda voltaria frequentemente a suas obras para retoques e revisão. Finalmente, encontrando apenas indiferença, hostilidade ou ceticismo, deixou de se interessar também por sua execução. Somente na década de 30 sua música começaria a despertar maior interesse no mundo musical norte-americano, e só nos anos 60 ela seria amplamente executada ou gravada. Àquela altura, a história musical o havia finalmente alcançado.

As lembranças da Nova Inglaterra novecentista na obra de Ives, particularmente em peças orquestrais como *Three Places* e a *Holidays Symphony*, derivam seu poder evocativo das citações livremente intercaladas de marchas, canções populares, música de dança e hinos. Ao visitar os Estados Unidos na década de 1890, Dvořák sugerira aos compositores americanos que buscassem inspiração na música indígena, exatamente como ele se voltara para a canção folclórica tcheca ao moldar seu estilo melódico; mas dificilmente poderia prever que seu conselho em breve seria seguido em uma celebração tão turbulenta da América quanto "The Fourth of July", na *Holidays Symphony*. Aos ouvidos de Ives, a música do povo norte-americano era excessivamente variada e rica de referências para ser usar da à maneira sinfônica de Dvořák. Em vez de tentar adaptar-se e à música de seu país às correntes europeias, demonstrou que um compositor podia esquecer a tradição e fazer da música o que bem quisesse.

Embora menos radicais que Ives no desprezo das convenções, vários contemporâneos europeus também estavam decididos a basear sua música na arte popular, e sem ajustar-se às normas austro-germânicas como Dvořák. Havia para isto uma certa motivação política: a hegemonia austríaca na Europa ocidental estava ameaçada por movimentos nacionalistas nos anos anteriores à Primeira Guerra Mundial, e seguia-se que os compositores também deviam procurar libertar sua música do jugo vienense, voltando-se para as fontes nacionais da canção folclórica.

Na Hungria, o caminho foi aberto por Béla Bartók (1881-1945), que se dedicou tanto à prospecção e classificação da música folclórica quanto à composição. Tornou-se um dos mais respeitados especialistas da canção folclórica em todo o mundo, e de longe o maior compositor nacionalista de sua época, mas ao mesmo tempo visava mais longe. "Meu verdadeiro objetivo", escreveu, "é a fraternidade das nações. (...) Procuro colocar minha música a serviço desta ideia (...) e é por isto que não me fecho a nenhuma influência, seja de origem eslovaca, romena, árabe ou qualquer outra."

Bartók fez sua primeira anotação de uma canção folclórica magiar em 1904, e nos 15 anos seguintes viajou pela Hungria e os paises vizinhos, foi

Primeira página da partitura manuscrita de *The Fourth of July* para orquestra (1912-13). Entre as correções e anotações de Ives está um recado para o copista, no alto à esquerda; "Sr. Price: Por favor não tente melhorar as coisas! Todas as notas erradas estão certas."

até a Turquia e o norte da África, recolhendo os elementos de música folclórica que podia encontrar; e não se mostrava menos zeloso no estudo de outras coleções. Como compositor, não lhe interessava apenas utilizar temas folclóricos, mas penetrar até as raízes da música folclórica e tirar proveito de suas descobertas. "O estudo dessa música camponesa", escreveu, "teve para mim importância decisiva, pois me revelou a possibilidade de uma total emancipação da hegemonia do sistema maior-menor. A maior parte desse tesouro de melodias – também a mais valiosa – deriva dos antigos modos da música de igreja, de escalas da Grécia antiga e ainda mais primitivas (notadamente a pentatônica), apresentando mudanças de andamento e ritmos os mais variados." Bartók integrou-se assim ao movimento geral de afastamento da harmonia diatônica e da estabilidade rítmica, tomando por guia a antiga música folclórica da Hungria. Foi também nesta fonte que ele aprendeu, como reconheceria, "a arte de expressar qualquer ideia musical com a mais elevada perfeição, da forma mais concisa e utilizando os meios mais simples e diretos". Além disso, a sucessão de alterações verificada nas canções folclóricas, consequência de sua transmissão oral, contribuiu para dotá-lo de extraordinária habilidade em matéria de variação musical.

À época em que começou suas viagens de pesquisa, Bartók sofria forte influência de Richard Strauss e Debussy, mas sua música não tardaria a mostrar os resultados do que ele aprendera nas aldeias da Hungria. A ópera em um ato *O Castelo de Barba-Azul* (1911) deve a Strauss, em parte, sua brilhante orquestração, e sua maneira de musicalizar o texto ao exemplo de *Pelléas et Mélisande*; mas as melodias, os ritmos e o estilo de balada são profundamente húngaros. Depois de travar conhecimento com a *Sagração da Primavera*, cujo dinamismo

Bela Bartók, em óleo pintado por Robert Berény na primavera de 1913. Berény foi um dos expoentes de um grupo de artistas de vanguarda de Budapest à época das primeiras pesquisas de Bartók sobre a canção folclórica. (Copyright G.D. Hackett, N.Y.)

Bartók registrando canções folclóricas em gramofone na aldeia de Darázs (hoje Drazovce, Thecoslováquia) em 1908. (Copyright G.D. Hackett, N.Y.)

Canção folclórica anotada por Bartók. A seta sobre o fá no penúltimo compasso indica que sua altura era ligeiramente mais elevada que a da nota transcrita.

repercutiria em seu balé *O Mandarim Maravilhoso* (1918-25), Bartók estava preparado para basear inteiramente sua arte na música folclórica, ou antes nas ideias, princípios e métodos que lhe inspirou.

Suas melhores obras seriam compostas nos doze anos seguintes: o Primeiro e o Segundo Concerto para Piano; o Terceiro, o Quarto e o Quinto Quarteto de Cordas; a *Música para Cordas, Percussão e Celesta* e a Sonata para Dois Pianos e Percussão. Todas evidenciam o quanto havia assimilado da música folclórica, na utilização de escalas variadas, na ampliação das possibilidades harmônicas (eventualmente quase chegando à atonalidade), na formulação de ideias de penetrante clareza, na descoberta de novos ritmos e na suprema habilidade com que manuseia as variações. A música folclórica o havia levado a obras de enorme complexidade estrutural e força emocional, e não ao vago pastoralismo de outros compositores que se inspiraram nela.

Na Tchecoslováquia, o grande compositor nacionalista do início do século foi Leoš Janáček (1854-1928), que se deixou influenciar não só pela música folclórica como pelos sons e ritmos da fala em sua Morávia de origem, algo natural num músico cujas maiores obras foram compostas para o teatro lírico. Embora nascido antes de Mahler e Debussy, Janáček pouco era conhecido até a estreia de *Jenufa*, e a maior parte de suas melhores obras foi escrita após esta estreia. Seu êxito na criação de um estilo operístico caracteristicamente nacional pode ser comparado ao de Bartók em *Barba-Azul*, sendo quase tão radical a maneira como superou as normas da tradição ocidental; certo é que suas obras tardias pouca relação têm com os estilos tchecos românticos de Smetana e Dvořák. A força e a variedade de suas concisas ideias melódicas, associadas a uma harmonia evanescente, permitiram-lhe intensificar as situações dramáticas e explorar as motivações de seus personagens.

Fora da Europa oriental o nacionalismo não exercia menos influência por volta da Primeira Guerra Mundial. A Espanha, fonte frequente de colorido para compositores russos e franceses no século XIX, começou a encontrar seus próprios músicos, sendo o maior deles Manuel de Falla (1876-1946). Falla viveu em Paris por vários anos antes da guerra, entrando em contato com Debussy; e

Manuel de Falla, o grande compositor nacionalista espanhol do século XX.

Figurino de Picasso para a estreia do balé *El Sombrero de Tres Picos*, de Falla.

o espanholismo pictórico de seus contemporâneos franceses influenciou obras como *Noches en los Jardines de España* para piano e orquestra (1909-15). Retornando a seu país, no entanto, ele encontrou sua maneira própria de tratar os materiais locais e um estilo mais áspero, a começar pelo balé que criou para Diaghilev, *El Sombrero de Tres Picos* (1917-19). Como Bartók, embora de forma menos analítica, Falla extraiu ideias abstratas da música folclórica sem citá-la diretamente, e viria a depurar seu estilo em peças como o Concerto para Cravo (1923-26). Mas sua principal influência nessa época era talvez a de Stravinsky.

O interesse de Stravinsky pelas artes populares de seu país foi mais intenso durante os primeiros anos de exílio voluntário, ou seja, de 1914 a 1920, quando viveu na Suíça. Ele empregara melodias folclóricas ocasionalmente em *Petruchka* e *A Sagração da Primavera,* mas agora empenhava-se muito mais profundamente em evocar o espírito da velha Rússia, seu humor e seus rituais. Musicou pequenos poemas populares numa série de canções e peças corais, frequentemente com pungente acompanhamento de um conjunto instrumental reduzido, e utilizou a mesma literatura camponesa nas duas obras teatrais que se seguiram à *Sagração*: *Renard* (1915), fábula rural em forma de "paródia com cantos e danças", e *Les Noces* (1914-23), suíte de "cenas coreográficas russas" sobre o tema de antigas cerimônias matrimoniais.

Capa de Picasso para a primeira edição (1919) do arranjo para piano do *ragtime* de Stravinsky. O desenho dos dois músicos é traçado em linha ininterrupta.

Escrita para quatro vozes masculinas e pequena orquestra, *Renard* tem o sabor rústico das canções do mesmo período, mas os coros de *Les Noces* assumem um caráter muito mais ritualístico. Aqui o ritmo da *Sagração* é desenvolvido de tal modo que a obra se firma na atividade meticulosamente coordenada de minúsculas e insistentes células, sendo os intérpretes apanhados na organização de cerimônias formais, e dessa forma exaltados. Até a comédia dos convidados embriagados é submetida a esta apresentação ritualizada. Talvez por ser a música tão precisa e estilizada, Stravinsky teve dificuldade de encontrar a melhor instrumentação para *Les Noces*. Começou por escrever um acompanhamento para orquestra de grandes proporções, como na *Sa-*

gração, mas fixou-se afinal nas sonoridades construtivistas de quatro pianos e percussão.

Tanto *Renard* quanto *Les Noces* são balés com canto, mas em nenhuma das duas obras existe uma relação estrita entre cada um dos personagens dançados e as vozes solistas. A ação é conduzida pelos dançarinos enquanto os cantores, destinados por Stravinsky a ocupar o palco ao lado dos instrumentistas, comentam indiretamente. Também aqui, o sentido de representação ritual é acentuado pelo espetáculo simultâneo de todos os elementos, constituindo a música uma parte tão integral da cerimônia quanto a ação desenrolada no palco.

Stravinsky deu continuidade à ideia de deixar à mostra todos os participantes numa terceira obra teatral desse "período russo", *Histoire du Soldat* (1918), concebida para uma companhia itinerante nas condições restritivas da guerra. Este conto faustiano, mais uma vez originado em histórias folclóricas russas, deve ser "lido, representado e dançado" por um narrador, dois atores, uma dançarina e pequeno grupo instrumental com breves números musicais ajustados à ação e à narração. A música, bem característica do período, é áspera na harmonia e na instrumentação, incorporando paródias de danças populares, entre elas o ragtime e o tango, além de um dissonante coral. Novas interpretações irônicas de estilos consagrados encontram-se nas Peças Fáceis para dois pianos, no *ragtime* para onze instrumentos e na *Piano-Rag-Music*, todos compostos à mesma época e apontando na direção que a música de Stravinsky seguiria.

6. Neoclassicismo

O romantismo atingira seu apogeu nos anos imediatamente anteriores à Primeira Guerra Mundial. Os meios gigantescos da Oitava Sinfonia de Mahler e dos *Gurrelieder* de Schoenberg nunca mais seriam reunidos, nem seria igualada a intensa expressão subjetiva das primeiras obras atonais de Schoenberg. A geração do pós-guerra aspirava a algo diferente, buscando ardentemente um espírito novo. Associado à velha ordem, o romantismo era por muitos considerado despropositado, e mesmo de mau gosto, parecendo sua ambição apenas bombástica, e seu emocionalismo mero sentimentalismo. O século XIX devia ser esquecido como uma aberração. Numerosos compositores decidiram adotar um novo ponto de partida com base na música anterior: foi a aventura do neoclassicismo.

Os atrativos para um retorno ao século XVIII eram muitos. As músicas do barroco e do classicismo ofereciam como modelos formas claras e concisas, tão opostas quanto possível ao que havia de longo e complexo em Mahler, ou imponderável em Debussy. Os compositores também identificavam no "velho estilo" uma vivacidade rítmica e uma nitidez de ideias que podiam tentar igualar na criação de música apropriada ao ritmo veloz e às emoções canalizadas de sua própria época. Além disso, a música de Bach em especial podia ser considerada um modelo de construção objetiva, e a objetividade estava agora entre as primeiras preocupações dos artistas.

É de Stravinsky, a este respeito, o argumento clássico, em suas *Chroniques de ma vie* (1935): "Considero a música, por sua própria natureza, essencialmente incapaz de *expressar* o que quer que seja, sentimentos, atitudes mentais, estados psicológicos, fenômenos da natureza, etc. (...) O fenômeno musical nos é dado com a única finalidade de estabelecer uma ordem nas coisas, inclusive e sobretudo na coordenação entre o *homem* e o *tempo*." Ainda que cada uma das obras neoclássicas de Stravinsky desminta a tese de que a música é "incapaz de

Igor Stravinsky, em desenho de Picasso datado de 24 de maio de 1920, nove dias após a estreia do balé *Pulcinella*, em que os dois colaboraram.

Cenário de Picasso para o balé *Pulcinella*, de Stravinsky. O pintor inspirou-se em impressões de Nápoles, que visitara com Stravinsky em 1917.

expressar o que quer que seja", é importante reconhecer que tais atitudes antirromânticas tiveram papel determinante na gênese do neoclassicismo.

No que diz respeito a Stravinsky, esta gênese ocorreu de forma bastante curiosa. Diaghilev obtivera enorme sucesso em 1917 com *Le Donne di Buon Umore,* balé para o qual Vincenzo Tommasini orquestrou música de Domenico Scarlatti. Propôs então que Stravinsky, a estrela em seu plantel de compositores, fizesse algo semelhante com peças de Pergolesi (ou antes atribuídas a ele pelos editores de então, como se sabe hoje). Stravinsky entregou-se deliciado ao trabalho, concluindo-o em 1919-20, mas sem levar muito em conta as características do estilo de época. O equilíbrio da música é perturbado por alterações de ritmo e harmonia, e pela orquestração para conjunto de câmara em que se destacam os sopros. *Pulcinella,* o título do balé, foi devidamente montado com os cenários napolitanos pseudo-oitocentistas de Picasso, logo arrancando protestos dos que detectaram na partitura intenções zombeteiras. Stravinsky, no entanto, não se deixou comover. "O respeito puro e simples", retrucou, "é estéril, e não pode jamais servir como fator produtivo ou criativo. Para criar é necessária uma força dinâmica, e que força é mais poderosa que o amor?" Como em suas recentes peças de ragtime, ele dava mostra não só de espírito satírico, mas de sentimentos joviais, características que se tomariam inseparáveis de suas obras neoclássicas.

Depois de ressuscitar música já existente em *Pulcinella,* Stravinsky empreendeu um desembaraçado exame do passado em busca de modelos de forma e expressão a serem empregados em música original. Decidiu reviver a ópera bufa da época de Pergolesi, encontrando em suas cenas bem delimitadas um estilo tão oposto quanto possível ao fluxo musical ininterrupto do drama wagneriano. Esta forma também lhe permitiu proclamar sua adesão às tendências italianizantes dos russos Glinka e Tchaikovsky, seu afastamento da escola nacionalista à qual fora associado como discípulo de Rimsky-Korsakov e autor do *Pássaro de Fogo.* Ao mesmo tempo, a nova ópera, *Mavra,* assinala uma ruptura com seu passado mais recente: as sutilezas rítmicas são agora contidas na divisão convencional em compassos, e a harmonia remete

Figurino de Picasso para um dos personagens de *commedia dell'arte* em *Pulcinella.*

à tonalidade diatônica, ainda que frequentemente de maneira provocante. Reportando-se ao século XVIII, ele descobrira regras – de forma, metrificação e harmonia –, e contra elas é que agora procedia.

No exercício desse neoclassicismo lúdico, Stravinsky voltou-se em seguida para a música instrumental pura. Compôs estruturas quase barrocas em seu Octeto para Sopros (1922-23), e no Concerto para Piano e Sopros (1923-24) deixou reminiscências de Bach. Desprezando as cordas nestas partituras, como em *Mavra* e *Les Noces* (que na ocasião orquestrava para pianos e percussão), ele provavelmente obedecia ao sentimento de que os instrumentos de cordas eram muito facilmente identificados com aquele mesmo sentimentalismo novecentista que desejava evitar. Era recente ainda a utilização exclusiva de madeiras e metais nas Sinfonias para Instrumentos de Sopro, para criar "um ritual austero que se desdobra em curtas litanias entre grupos homogêneos de instrumentos". Agora ele constatava que os mesmos instrumentos também podiam ser brilhantes e espirituosos.

O balé *Apollon Musagète* (1927-28), no entanto, foi inteiramente composto para cordas, cuja "eufonia multissonora", no dizer de Stravinsky, podia materializar a sobriedade clássica do barroco francês. "E de que modo melhor reproduzir a concepção despojada da dança clássica", perguntaria, "senão pelo fluxo da melodia em expansão sobre a constante salmodia das cordas?" Como demonstra *Apollon Musagète,* e confirmam outras obras, o neoclassicismo de Stravinsky não foi sempre cortante e satírico: a pilhagem também podia ser lograda por sedução.

Outros compositores do período assumiram uma atitude mais sistematicamente irreverente em relação ao passado, especialmente os da nova cidade de adoção de Stravinsky: Paris. Em 1920, influenciados pelo manifesto de Jean Cocteau, *Le coq et l'arlequin* (1918), e não raro empresariados por ele, alguns desses músicos se viram reunidos como "Os Seis", adotando uma estética de irreverência e decidido antirromantismo. Debussy foi relegado; Wagner, categoricamente banido. A música devia agora ser direta, secamente espirituosa e atual. O modelo escolhido foi Erik Satie (1866-1925), cujas experiências harmônicas podem ter influenciado seu amigo Debussy na década de 1890, mas que desde então enveredara por uma espécie de dadaísmo. Satie queria ver a música reduzida ao estrito essencial; dono de um imperturbável senso de humor e da paródia, ele apresentava suas peças sob títulos como *Choses Vues à Droite et à Gauche* (*sans lunettes*) (Coisas vistas à direita e à esquerda [sem óculos]) e *Sonatine Bureaucratique;* e cultivava a inconsequência em sua "música de mobiliário", destinada a ser ignorada.

A exemplo de Satie, seus seis jovens colegas zombavam de todas as convenções musicais, mas antes recorrendo às táticas de choque de Cocteau do que

Erick Satie em caricatura de Jean Cocteau, um dos mais entusiastas divulgadores de sua música nos anos subsequentes à Primeira Guerra Mundial.

ao charme desconcertante de seu buliçoso inspirador. Cinco deles colaboraram com Cocteau numa farsa maluca, *Les Mariés de la Tour Eiffel* (1921), e todos escreveram breves peças orquestrais e canções que combinavam a polidez de Stravinsky com o senso do ridículo de Satie. Mas Os Seis subsistiram como grupo por alguns anos apenas, e seus três membros mais destacados - Arthur Honegger, Darius Milhaud e Francis Poulenc - encaminharam-se em direções mais positivas e promissoras.

Para Stravinsky, o essencial no neoclassicismo não fora nunca a possibilidade de zombar do passado, mas um certo distanciamento que facultava em relação à obra. Disso ele se prevaleceu com resultados notáveis em sua ópera-oratório *Oedipus Rex* (1926-27), em vista da qual fez traduzir um texto de Cocteau para o latim, "uma linguagem de convenção, quase ritual", como diria. Foi também por uma "linguagem de convenção" que optou ao musicar *Oedipus* em forma de oratório barroco abreviado. As razões que invocou são reveladoras de sua atitude neoclássica em geral, e mesmo de suas mais profundas convicções artísticas. "A necessidade de aceitar restrições", escreveu, "de se submeter deliberadamente a um estilo, tem sua origem no mais profundo de nossa natureza. (...) Toda ordem impõe limitações. Mas seria errado encará-las como um entrave à liberdade. Pelo contrário, o estilo, a restrição contribuem para seu desenvolvimento, simplesmente impedindo que a liberdade degenere em licenciosidade. Ao mesmo tempo, ao tomar de empréstimo uma forma estabelecida e consagrada, o artista criativo não está nem um pouco restrin-

Os Seis, óleo de Jacques-Emile Blanche. Os cinco membros do grupo representados são Germaine Tailleferre (sentada à esquerda), Darius Milhaud (sentado à esquerda, de frente), Arthur Honegger (sentado à esquerda, de perfil), Francis Poulenc (de pé à direita, cabeça inclinada) e Georges Auric (sentado à direita). Louis Durey está ausente. Cocteau preside na extrema direita, e também aparecem Marcelle Meyer e Jean Wiener, associados aos Seis como pianista e regente.

gindo a manifestação de sua personalidade. Ao contrário, ela fica mais livre, e se manifesta melhor quando se move nos limites definidos de uma convenção. Foi isto que me induziu a utilizar as fórmulas anódinas e impessoais de uma época remota, aplicando-as amplamente em minha ópera-oratório *Oedipus,* a cujo caráter austero e solene se prestavam particularmente."

Como *Histoire du Soldat, Oedipus* tem um narrador, mas aqui ele se mantém inteiramente à parte da ação. Vestido à maneira moderna comum e falando o vernáculo, ele explica a história ao público, o que confirma estar este dissociado do que se passa no palco. O espectador não é convidado a se identificar com os personagens, mas a observar; e a forma quase litúrgica de apresentação da lenda é enfatizada, como sugere o autor, pelo corte rigoroso da música. Tendo escolhido uma estrutura rígida, no entanto, Stravinsky frequentemente permite que os solistas cantem com uma efusão propriamente verdiana de sentimentos, pois o contexto formal assegura a objetividade da emoção. *Oedipus* foi seu primeiro êxito na utilização do classicismo como meio

Cenário de Ewald Dülberg para a produção da ópera-oratório *Oedipus Rex*, de Stravinsky, na Kroll Opera (Berlim).

de obter a severidade ritual que marca suas maiores obras, estando *A Sagração da Primavera* e *Les Noces* entre os exemplos anteriores; e ele logo repetiria este sucesso, embora de maneiras muito diferentes, na Sinfonia dos Salmos e no balé *Perséphone*.

A referência a Verdi em *Oedipus Rex* chama a atenção para a impropriedade do "neoclassicismo" como etiqueta generalizante. O movimento não se orientou sempre para a reprodução atualizada dos estilos "clássicos" dos séculos XVII e XVIII, embora este período estivesse no centro das atenções. E tampouco o fator "retorno" pode ser considerado um traço distintivo, pois Reger se voltara para Bach sem em absoluto ser neoclássico no sentido dos anos 20. O neoclassicismo significava, acima de tudo, ironia, e o objeto desta ironia podia ser encontrado em qualquer época. Em sua Sonata para Piano, Stravinsky olhava de relance para Beethoven, no contexto de seu estilo contrapontístico pseudobarroco, e no Capriccio para piano e orquestra evocou Tchaikowsky e o lirismo do primeiro romantismo sob a forma de concerto grosso. Este ecletismo era tipicamente neoclássico, mas na música de Stravinsky os empréstimos sempre estão até certo ponto ocultos: não era sua intenção exibir *objects trouvés*, mas apropriar-se deles.

Francis Poulenc (1899-1963), por sua vez, parecia deliciar-se com o incongruente surgimento de uma melodia popular espalhafatosa num concerto, ou de passagens de uma sensibilidade "pós-Gounod" numa monumental obra sacra à maneira barroca. Sua música pode parecer alegre e frívola, e em certos momentos é apenas isso; mas em muitas de suas composições mais importantes verifica-se a mesma surpreendente justaposição de matérias banais frequentemente encontrada na pintura surrealista, e a mesma habilidade acadêmica capaz de reunir elementos totalmente desconexos num todo coerente. Em música, esta técnica se originava em obras de Satie como o balé *Parade* (1917), que incorpora uma máquina de escrever e um revólver à orquestra, limitando-se a uma mera sucessão de construções musicais ingênuas. Em suas obras das décadas de 30 e 40, no entanto, Poulenc transformaria as extravagâncias de Satie em algo ao mesmo tempo mais sedutor e perturbador.

Para um compositor alemão, o neoclassicismo era necessariamente uma questão mais séria. Do outro lado do Reno, o "jovem classicismo" de Busoni foi um movimento desprovido do caráter satírico que eriçava o neoclassicismo parisiense, buscando um retorno mais autêntico à clareza de execução mozartiana e à densidade de ideias encontradas em Bach. Nessa mesma época, o jovem Paul Hindemith (1895-1963) baseava suas primeiras composições na utilização orgânica do barroco inaugurada por Reger. Logo entretanto a música de Hindemith começaria a acompanhar a de Stravinsky, enchendo as velhas garrafas da forma estabelecida com o vinho novo da instrumentação à base de sopros, da harmonia tonal expandida e de intrincados ritmos mecânicos.

O novo estilo emergiu em sua *Kammermusik n. 1* para pequena orquestra (1921), seguida de outras obras orquestrais e de câmara igualmente aparentadas na forma ao concerto ou à suíte de Bach. Viria também uma ópera, *Cardillac* (1926), na qual Hindemith se propôs a alinhar números musicais movidos por sua própria energia vigorosamente contrapontística, em grande medida independente do enredo. Nisso, como nos recursos empregados em suas outras obras, ele foi buscar seus exemplos quase exclusivamente no barroco, usando o material escolhido sem qualquer ostentação do espírito sarcástico prevalecente em Paris. O neoclassicismo de Hindemith pode assim ser considerado "mais puro" que o de Stravinsky, em termos tanto éticos quanto materiais. Não obstante, a ironia do deslocamento estilístico ainda está muito presente, emanando em grande parte de uma harmonia estrita, baseada antes em quartas do que em terças, que tinham a preferência de Hindemith. E a resultante ausência de um efetivo repouso harmônico, associada a ritmos mais violentamente impetuosos que os de Stravinsky, dá a não poucas das primeiras obras neoclássicas de Hindemith um caráter de marcante combatividade.

Cortina de cena desenhada por Picasso para a estreia do balé *Parade*, de Satie.

Poulenc ao piano, em caricatura de Cocteau, que teve vários de seus textos musicados pelo compositor, do ciclo de canções *Cocardes* (1919) à ópera para soprano solo *La Voix Humaine* (1958).

Capa da suíte para piano *1922*, de Hindermith, desenhada pelo autor, que captou o clima da época incluindo na obra um "shimmy" e um "ragtime".

Hindermith à época em que emigrou, para os Estados Unidos (1940).

Na Alemanha, como na França, o neoclassicismo chegou a seu ponto culminante entre as duas guerras, e os compositores jovens que atingiram a maturidade neste período, qualquer que fosse sua nacionalidade, adotaram-no como a *língua franca* de sua época. Muitos deles foram a Paris aprender os rudimentos do estilo com Nadia Boulanger, que teve entre seus alunos norte-americanos, para só mencionar estes, Elliott Carter (1908), Aaron Copland (1900) e Roy Harris (1898-1979). Na Inglaterra, a influência de Hindemith foi sentida por Michael Tippett (1905), e a de Stravinsky por Benjamin Britten (1913-76). E Stravinsky também forneceu pontos de partida a seus compatriotas Sergei Prokofiev (1891-1953) e Dmitri Shostakovich (1906-75).

Prokofiev, na realidade, antecipara o neoclassicismo de Stravinsky em sua *Sinfonia Clássica* (1916-17), embora este pasticho encantador pouco tenha da afiada ironia do compositor mais velho. Para encontrar este predicado, temos de nos voltar para as primeiras óperas de Prokofiev e Shostakovich, respectivamente *O Amor das Três Laranjas* (1919) e *O Nariz* (1927-28), que zombam ambas das convenções do gênero, mediante esdrúxulas viravoltas de enredo e sátiras desconcertantes na música. Os dois compositores podem ter-se asse-

Sergel Prokofiev, Desenho de Matisse feito durante a permanência do compositor em Paris (1923-33).

Dmitri Shostakovich à época em que já era reconhecido como o grande mestre da sinfonia soviética, embora ainda entrasse eventualmente em conflito com as autoridades.

melhado em ocasiões como estas, mas suas situações eram muito diferentes. Prokofiev já era reconhecido como compositor antes da revolução, após a qual passaria a maior parte do tempo autoexilado em Paris, até retornar à União Soviética - ao contrário de Stravinsky - em 1913. Shostakovich, por sua vez, era um produto do Estado soviético, e raramente se aventurou fora de seu país.

Tanto Prokofiev quanto Shostakovich tinham a típica tendência neoclássica para o ecletismo, mas Shostakovich foi dissuadido pela política oficial de se soltar muito nesta direção. Foi em grande parte cedendo a pressões ideológicas que ele trocou os resíduos picantes e as travessuras iconoclastas de *O Nariz* pela nítida combinação de Tchaikovsky e Mahler que operou em sua Quinta Sinfonia (1937). Da mesma forma, Prokofiev percebeu que teria de moderar seu sarcasmo para andar em companhia dos compositores soviéticos. O hesitante neoclassicismo de sua Segunda Sinfonia (1924) parecia tão deslocado quanto o luxuriante colorido e os pesados ritmos "pós-*Sagração*" do balé *Chout* (1920): ambos teriam de dar lugar a algo mais "otimista", menos "formalista", de maior apelo. Foi o que Prokofiev alcançou em sua Quinta Sinfonia (1944) e no balé *Romeu e Julieta* (1936), inteiramente pós-tchaikovskiano, e no qual o neoclassicismo foi substituído por um pleno retorno ao romantismo.

Elliot Carter, mestre do neoclassicismo, e mais tarde autor de obras de um estilo bem mais complexo.

Mas seria injusto atribuir a atenuação do neoclassicismo entre os soviéticos exclusivamente aos imperativos políticos, pois a tendência era geral. Copland e Harris, por exemplo, abriram caminho para um romantismo nacionalista norte-americano, que se reflete notadamente no balé *Appalachian Spring* (1944), do primeiro, e na Terceira Sinfonia (1937), do segundo. Tippett e Britten, cuja visão do neoclassicismo compreendia o conhecimento da música inglesa do passado (sobretudo os madrigalistas elisabetanos e Purcell), nunca chegaram a participar da reação antirromântica, evidenciando suas obras não só um compromisso positivo com a tradição como o interesse por questões sociais e filosóficas, no caso de Tippett, ou pelos fundamentos da personalidade humana, no de Britten. Elliott Carter, mais tardio que seus contemporâneos na conquista de um estilo plenamente pessoal, começou pelo final dos anos 40 a se desvencilhar do neoclassicismo em direção ao estilo esmeradamente trabalhado de obras como seus três quartetos de cordas (1951, 1958-59 e 1973). Atonais, formalmente inventivas e ricas em episódios, estas peças estão muito distantes da vivacidade ofuscante da restauração neoclássica.

Por toda a Europa e na América, verificou-se nos anos 30 e 40 uma reação anti-antirromântica às tendências dominantes na década anterior. Olivier Messiaen (1908), cujo período de aprendizado coincidiu com o auge do neoclassicismo em Paris, nada queria saber da ironia e da elegância objetiva de Poulenc ou do novo Stravinsky. Ele defendia um retorno aos valores "humanos", que concretizou em música cuja opulenta harmonia modal estava tão distante quanto possível da áspera tonalidade de "notas erradas" dos neoclássicos. Na mesma época, Honegger, outrora inconvincente entre Os Seis, encontrou seu caminho compondo trepidantes obras sinfônicas de riqueza harmônica próxima de Schoenberg, embora sua impetuosidade rítmica permaneça como legado da imitação barroca.

Alguns compositores da geração anterior também demonstraram, mesmo nos anos 20, que o neoclassicismo podia adaptar-se a fins perfeitamente individuais. Foi nesta época que Manuel de Falla desenvolveu um estilo mais despojado, verificando-se uma evolução semelhante na música de Maurice Ravel (1875-1937). Ravel iniciara sua carreira seguindo os passos de Debussy e Rimsky-Korsakov na criação de luminosas imagens musicais, imagens do Oriente em *Shéhérazade* (1903), ciclo de canções com orquestra, da Espanha na ópera *L'Heure Espagnole* (1907) e outras obras, da fantasia infantil no balé *Ma Mère l'Oye* (1908-11) ou da Grécia clássica no que compôs para Diaghilev, *Daphnis et Chloé* (1909-11). Em todas essas obras a postura era objetiva, o estilo, afetado, voltando-se suas preocupações técnicas para a construção de complexos objetos musicais a serem postos em movimento. Não surpreendia que ele tivesse prontamente adotado o disfarce do neoclassicismo em *Le Tombeau de Couperin* para piano ou orquestra (1917-19), no qual as formas de uma suíte barroca francesa comportam ideias autônomas de característico refinamento. E nas sonatas e concertos para piano posteriores ele evoluiria para uma música ainda mais típica do neoclassicismo parisiense do período entre as duas guerras.

Outros compositores da geração mais velha não puderam aceitar a frieza do neoclassicismo, e tampouco encontraram um outro caminho naquele efervescente pós-guerra. Elgar muito pouco realizou nos quinze anos que ainda viveu após seu Concerto para Violoncelo (1919); Sibelius praticamente deixou de compor depois de *Tapiola* (1926), embora vivesse por mais trinta anos; e Paul Dukas (1865-1935) destruiu quase tudo que compôs após o balé *La Péri* (1912). O silêncio de um compositor poucos indícios oferece das causas de sua atitude, mas podemos em parte atribuir o virtual abandono da composição a um sentimento, nesses artistas, de que a música estava definitivamente mudada. E foi o que aconteceu. Os limites da convenção musical haviam sido recuados em quase todas as direções nos quinze primeiros anos do século;

Maurice Ravel em pose elegante, bem condizente com a urbanidade de seu Concerto para Piano em sol maior (1931), partitura neoclássica de extrema sofisticação em que introduziu sonoridades de jazz, à maneira de Gershwin.

agora, o advento do neoclassicismo significava o reconhecimento manifesto de que se perdera a continuidade de tradição, já que os frutos do passado podiam ser utilizados e reutilizados sem preocupação com seus significados e funções originais. Stravinsky encarava sua pilhagem do passado como expressão de amor, e no entanto sua atitude era a de um estranho em visita a uma tradição musical transformada em museu.

É o que fica patente em seu Concerto para Violino em ré (1931), composto após uma análise dos grandes concertos para violino do passado, e na tonalidade usada por Beethoven, Brahms e Tchaikovsky. Mas não se encontra na obra qualquer imitação direta; ela é antes composta contra suas antecessoras, e ainda, como tantas composições neoclássicas de Stravinsky, contra as formas barrocas em que é enunciada. Esta técnica de distanciamento, à qual faz alusão seu texto sobre o estilo de *Oedipus Rex*, foi levada ao paroxismo na ópera *The Rake's Progress* (1948-51), de ponta a ponta projetada sobre o pano de fundo das óperas de Mozart, particularmente *Don Giovanni*.

Outras obras dos últimos anos neoclássicos de Stravinsky, como os quase Brandenburgos criados no Concerto *Dumbarton Oaks* (1937-38) e o Concerto em ré (1946), demonstram um prazer menos cínico na adoção de modelos passados. Esta reaproximação da tradição, também encontrada nas obras contemporâneas de Hindemith, permitia uma utilização positiva da harmonia diatônica, oposta à tonalidade frequentemente intratável dos anos 20, com isso abrindo, caminho para a renovação da escrita sinfônica verificada, de maneiras diferentes, nas obras de Prokofiev, Shostakovich e Honegger. O próprio Stravinsky compôs uma *Sinfonia em Dó* (1938-40) e uma *Sinfonia em Três Movimentos* (1942-45) nas quais aplicou as técnicas desenvolvidas no neoclassicismo – lucidez de concepção, transparência de tessitura e ritmo motor – às grandes formas instrumentais do antigo modelo tonal. Ainda assim, a harmonia diatônica estava irremediavelmente corrompida pela ironia: só podia agora aparecer entre aspas; e a escolha de uma tonalidade parecia um gesto anacrônico desde a revelação do universo atonal por Schoenberg. As maiores obras diatônicas compostas desde os anos 20, entre elas as sinfonias de Shostakovich e as óperas de Britten, têm sido quase sempre as que aceitaram esta corrupção.

Restou no entanto um compositor que soube absorver métodos e materiais do passado sem o recurso esterilizante da ironia, e foi ele Bartók. Sua abordagem da música barroca, como a da canção folclórica, foi profunda e analítica. Ele extraía a essência, fosse na estruturação de ideias ou na construção de formas, e aplicava o que havia apreendido sem transpor em tal medida o original que o resultado parecesse um pastiche. O primeiro movimento de sua *Música para Cordas, Percussão e Celesta*, por exemplo, baseia-se na ideia da fuga, mas apenas na ideia: o tema sinuoso, cromático e metricamente irregular jamais poderia ter sido imaginado no século XVIII, e a forma, uma configuração simétrica em redor de um clímax central, é totalmente diferente da encontrada em qualquer fuga anterior.

Bartók tinha especial predileção por formas, como este movimento, a um tempo palíndromas e progressivas, funcionando a segunda parte como inversão mas também continuação da primeira. Elas aparecem na maior parte de suas obras orquestrais e de câmara do período 1926-37, e lhe permiti-

Bartók nos últimos anos de vida. Ele morreu em Nova York em 1945, deixando inacabado por pouco seu Terceiro Concerto para Piano. (Copyright G.D. Hackett, N.Y.)

ram demonstrar sua maneira característica de aproveitamento dos métodos barrocos – a inversão de temas, por exemplo, ou o estabelecimento de claras demarcações estruturais – com objetivos inteiramente novos. Mesmo as páginas que nitidamente evocam Bach, como certas passagens do primeiro movimento de seu Segundo Concerto para Piano, não causam impressão de paródia, pois o material de inspiração bachiana é de alguma forma justificado no contexto da composição, sem se destacar como referência provocadora ou satírica ao passado. Mas para a maioria dos compositores o progresso só parecia possível com o trampolim do passado, de um passado irremediavelmente perdido.

7. Serialismo

Em 1921, quando Stravinsky e Hindemith empreendiam suas primeiras obras neoclássicas, Schoenberg anunciou a seu aluno Joseph Rufer ter feito "uma descoberta que garantirá a supremacia da música alemã por algumas centenas de anos". Esta descoberta era o serialismo; e se as palavras de Schoenberg adquirem hoje uma ressonância algo sinistra, devemos ter em mente que a grande tradição germânica era para ele o centro da música, e sua continuação, uma necessidade absoluta. A atonalidade implicara uma suspensão da maioria dos princípios fundamentais da tradição: Schoenberg inquietava-se com a inexistência de um sistema, a falta de suportes harmônicos sobre os quais pudessem orientar-se as grandes formas. O serialismo finalmente oferecia os meios de reconquista da ordem.

Isto não significava que não houvesse ordem nas composições atonais de Schoenberg e seus discípulos: é possível demonstrar que muitas de suas peças do período atonal baseiam-se em pequenos grupos de notas redistribuídos e transpostos de múltiplas maneiras. Mas parece claro que, para os próprios compositores, a escrita atonal era em grande parte intuitiva. Ela surgira da necessidade de eliminar a tutela do intelecto ou da formação acadêmica, e a própria rapidez na composição de obras como *Erwartung* tenderia a confirmar que não foram propriamente calculadas. Em obras atonais posteriores, é verdade, verificaram-se tentativas conscientes de impor uma certa ordem. *Pierrot Lunaire* e algumas das canções atonais mais tardias de Webern mostram que seus compositores recorriam a apurados dispositivos contrapontísticos para obter clareza estrutural, podendo ser entendida à mesma luz a utilização de modelos formais consagrados no *Wozzeck* de Berg. Mas estas soluções eram apenas parciais, subsistindo o problema: não havia uma lei regulando a estruturação de melodias e harmonias, nada que substituísse as operações hierárquicas de notas e tríades do sistema maior-menor. A nova lei se manifestaria com a invenção

Anton Webern, o mais perseverante dos discípulos de Schoenberg na aplicação da técnica serial.

Autorretrato a lápis de Schoenberg no início dos anos 20.

do serialismo – ou talvez seja preferível a expressão utilizada por Schoenberg, "descoberta", já que o serialismo era em essência a formalização e extensão de um princípio originalmente expresso em *Die Jakobsleiter*, de Schoenberg, e nos *Altenberglieder* de Berg.

O princípio do serialismo é simples. As doze notas da escala cromática são dispostas em uma ordem fixa, a série, que pode ser utilizada na geração de melodias e harmonias, e permanece obrigatória em toda a obra. A série é assim uma espécie de tema oculto: não precisa ser apresentada como tema (embora, naturalmente, seja possível fazê-lo), mas é um reservatório de ideias e uma referência básica. Ela pode ser manipulada das mais diversas maneiras em uma composição: deslocando-se as notas individuais em uma ou mais oitavas, transpondo-se uniformemente toda a série em qualquer intervalo e mesmo invertendo-a. Desse modo, o compositor tem à sua disposição uma variedade de formas da série, todas ligadas pela mesma sequência de intervalos, e pode usá-las como lhe aprouver. Não é necessário que os temas consistam de doze notas, nem que a série seja transformada em melodia: ela pode ser aproveitada para construir um tema e seu acompanhamento, por exemplo, e há espaço ainda para combinar diferentes formas da série em sequência de acordes num trecho polifônico. As possibilidades são enormes, mas o princípio serial funciona como garantia de que a composição terá um certo grau de coerência harmônica, já que o padrão intervalar básico não varia. Esta coerência não é necessariamente invalidada pelo fato de que, na maioria dos casos, o funcionamento do princípio serial numa peça musical não é audível, nem deve sê-lo.

A aplicação do serialismo nas obras da última fase de Webern é mais clara e rigorosa do que em qualquer composição de Schoenberg, e por isto um exemplo extraído de uma de suas páginas pode mais facilmente demonstrar o princípio em ação. A ilustração (ver página ao lado) reproduz o início de sua Sinfonia (1928), transcrito de maneira a revelar a estrutura serial. Como de hábito em Webern, a passagem é estruturada como um cânone em quatro partes, cada uma das quais começa com uma exposição da série sob forma diferente. Não é difícil perceber como cada parte do cânone se desdobra em sucessivas formas seriais, cada uma delas tendo seu ponto de partida nas duas notas finais da anterior.

Obras dessa natureza tendem a estimular a acusação de que a composição serial é de certo modo matemática ou mecânica, e com efeito o método foi objeto de críticas como esta desde o início. Mas o fato é que muitas obras anteriores de Webern, não seriais, apresentam um traçado igualmente complexo, e da mesma maneira boa parte da música polifônica, de Guillaume de Machaut e Johann Sebastian Bach, evidencia um nível não menos elevado de organização. Na realidade, Webern foi influenciado pela escola polifônica holandesa do início do século XVI.

O serialismo não é um estilo nem um sistema. Ele simplesmente fornece sugestões ao compositor, sob muitos aspectos menos restritivas que as convenções da harmonia diatônica ou da composição em forma de fuga. O objetivo era, como frisava Schoenberg, "usar a série e em seguida compor como antes" – o que, para ele, só podia significar "como os grandes compositores austro-germânicos sempre fizeram". Uma vez estabelecido o método, Schoenberg percebeu que era possível compor serialmente com liberdade, rejeitando a ideia de que o serialismo fosse um sonho construtivista: "Minhas obras são *composições* dodecafônicas", escreveu, "e não composições *dodecafônicas*."

Schoenberg naturalmente dava ênfase à continuidade da tradição no serialismo, já que o introduzira para "compor como antes". O método possibilitava um retorno à composição instrumental, pois se tratava de "uma organização, provendo lógica, coerência e unidade". No período entre o advento da atonalidade e a emergência do serialismo, Schoenberg compusera poucas obras sem texto, e nenhuma após as Seis Pequenas Peças Piano de 1911. Significativamente, o desenvolvimento do método serial ocorreu em três obras quase puramente instrumentais: as Cinco Peças para Piano, a Serenata para septeto (com voz de baixo em um dos movimentos) e a Suíte para Piano, todas compostas entre 1920 e 1923. Destas, a Suíte foi a primeira peça integralmente serial e dodecafônica, incorporando às outras movimentos não seriais ou baseados em séries de mais ou menos doze notas.

Início da Sinfonia de Webern, transcrito de modo a destacar a estrutura canônica em quatro partes: o segundo e o quarto pentagramas refletem respectivamente o primeiro e o terceiro, na instrumentação e na forma melódica. Além disso, os quatro têm em comum diferentes formas da mesma série.

Manuscrito do início da Suíte para Piano, a primeira obra integralmente composta por Schoenberg segundo o método serial dodecafônio. É música mais livre e dramática que a de Webern, baseando-se no desenvolvimento perpétuo de pequenos motivos.

Não bastava a Schoenberg, no entanto, que o serialismo assegurasse uma "organização" na composição de movimentos instrumentais substanciais: as novas regras deviam ser aplicadas à construção de formas e texturas à velha maneira. A arrojada liberdade de ritmo, fraseado, forma e orquestração conquistada em suas obras atonais via-se refreada, agora que ele voltava a compor "como antes". No plano da estrutura, com efeito, suas primeiras obras seriais são mais claras e severamente delineadas que qualquer outra de sua produção anterior. Nas composições tonais de 1899-1906, ele experimentara novas junções de diferentes tipos de movimentos em forma contínua, mas agora aproveitava os modelos estabelecidos, embora com consideráveis modificações. A Suíte para Piano é de molde barroco, e foi seguida de um Quinteto de Sopros (1923-24) com os quatro movimentos da tradição camerística: sonata, scherzo e trio, movimento ternário lento e rondó final.

Este "recuo" de Schoenberg, que seria frequentemente criticado por compositores posteriores, pode ser explicado de várias maneiras. Em primeiro lugar, o serialismo havia sido criado precisamente para que um estilo tradicional de composição fosse de novo possível: não surpreende portanto que seu advento viesse acompanhado de uma ressurgência das formas tradicionais. Ao mesmo tempo, Schoenberg pode ter sentido a necessidade de poupar-se do profundo autoexame psicológico exigido pelo expressionismo atonal, uma necessidade tanto pessoal quanto pública, pois tão intensa introspecção, só pode ter sido realizada pelo compositor com angústia comparável à que experimentavam - e experimentam - aqueles que a testemunham. Além disso, a lucidez e a clareza estrutural eram indispensáveis se Schoenberg quisesse atingir sua meta de demonstrar que a atonalidade era capaz de acolher formas mais ligeiras de expressão: uma vez encontrado o método, ele passou a trabalhar decididamente em páginas de humor musical, na Serenata, na Suíte para Piano, na Suíte para septeto e na ópera cômica *Von heute auf morgen* (De hoje a amanhã, 1928-29). Também é possível que tenha retomado as velhas formas para provar que estava efetivamente criando "*composições* dodecafônicas" e oferecer a seu público algo familiar, num mundo estranho de sons. Finalmente, a renovada aceitação das formas estabelecidas em Schoenberg corresponde, é claro, ao neoclassicismo de Stravinsky e Hindemith: aí está a mesma ironia dos deslocamentos estilísticos, por mais latente que permaneça.

Schoenberg não parece ter reconhecido isto. Mantinha-se intransigente em sua oposição ao neoclassicismo, pois lhe parecia irresponsável a atitude do compositor que aproveitasse os velhos materiais e formas sem se preocupar com qualquer motivação harmônica tradicional, fosse de origem tonal ou serial. Enquanto ele tentava forjar a continuidade da grande tradição, Stravinsky e

Hindemith limitavam-se, em sua opinião, a revolver o patrimônio das ideias musicais adquiridas, mais uma vez algo moralmente indefensável. Nas *Três Sátiras* para coro (1925), Schoenberg atacou ao mesmo tempo o neoclassicismo e seu maior paladino: "Vejam só quem vem tocando o tambor – é o pequeno Modernsky! Ele usa uma peruca de autênticos cabelos falsos! Fica parecendo com papai Bach – pelo menos é o que ele pensa!" Não obstante, dando mostra de uma tolerância tão característica quanto sua extraordinária força moral, Schoenberg reconheceu em seu prefácio às *Sátiras* que "certamente é possível debochar de tudo. (...) Que os outros possam rir mais do que eu, já que eu também sei levar a coisa a sério!"

Devemos então presumir que a ironia da reapropriação nas obras compostas por Schoenberg no início dos anos 20 era inconsciente, ou de qualquer modo menos consciente que em *Pierrot Lunaire*. E nos anos subsequentes o distanciamento diminuiria: O Terceiro Quarteto de Cordas (1927) e as Variações Orquestrais (1926-28) ostentam mais estreitos liames entre forma e conteúdo, menor obediência a modelos do passado, tendência que se desenvolveria nas obras seriais dos anos 30 e 40: mais uma vez ressalta o paralelo com Stravinsky e a relativa serenidade de suas partituras neoclássicas mais tardias.

No início da década de 30, no entanto, Schoenberg compôs duas obras que deixam claro, tivesse ele consciência disso ou não, o quanto se afastara da tradição que lhe era tão cara. Ambas são derivadas, o Concerto para Violoncelo de um concerto para cravo de Georg Matthias Monn, compositor de meados do século XVIII, e o Concerto para Quarteto de Cordas de um concerto grosso de Händel. Mas nos dois casos Schoenberg vai muito além da simples reorquestração, "melhorando" os originais com novos e esmerados desenvolvimentos, acrescentando detalhes de contraponto, balizando a harmonia pela de Brahms e organizando uma instrumentação brilhante. O espírito de *Pulcinella* não está muito distante.

Estas recriações reconduziram Schoenberg à composição de obras tonais originais, e pelo resto de sua vida ele voltaria ocasionalmente a escrever peças mais ou menos no estilo da Primeira Sinfonia de Câmara, um estilo que lamentava ter abandonado tão rapidamente. Finalmente, concluiu também a Segunda Sinfonia de Câmara, iniciada pouco depois da primeira, em 1906. Este cultivo simultâneo de estilos diferentes partia de um homem mais reacionário que radical, preocupado talvez em provar tanto a seu público quanto a si mesmo que ainda era capaz de compor à velha maneira, um homem que muito simplesmente tinha vez por outra boas ideias diatônicas e desejava trabalhá-las. Não se tratava de envergar diferentes máscaras, como Stravinsky, pois tanto o estilo tonal quanto o serial eram completamente seus, e a escolha do estilo, determinada tão só pela natureza da ideia musical.

A "Dança do Bezerro de Ouro" da ópera *Moses und Aron*, de Schoenberg, na produção de Peter Hall para a Royal Opera House, Covent Garden. Esta sequência orgiástica da dança, canto e mímica estende-se pela maior parte do segundo ato.

Moisés e Aarão na produção da ópera de Schoenberg em Covent Garden.

Mais talvez que qualquer outro artista, Schoenberg reconhecia os problemas espinhosos da fidelidade a uma ideia, no empenho de evitar que a concepção inicial se corrompa em sua realização artística. Embora o negasse, este pode ser considerado um dos temas de sua ópera *Moses und Aron* (1930-32). Moisés é aqui o homem contemplado com uma visão, a do insondável Deus judaico, mas não lhe acodem as palavras para transmitir esta visão a seu povo. Aarão, sim, pode torná-la conhecida e aceita, mas ao preço de um compromisso com o que o povo espera: prodígios e milagres. A metáfora, no entanto, tem significado mais profundamente religioso e filosófico. Além do problema da comunicação, a ópera tem como tema a busca de um caminho para Deus através da obediência, da oração e de um inabalável compromisso com a verdade. Schoenberg concluiu o libreto de toda a ópera e a música dos dois primeiros atos, mas o terceiro permaneceu inacabado, apesar de reiteradas tentativas e declarações de intenção. É possível que ele se tenha sentido incapaz de compor música adequada para as palavras finais de Moisés sobre a meta suprema, a "união com Deus"; *Die Jakobsleiter,* que Schoenberg até o fim lutou por concluir, também ficou incompleto, com o enredo num estágio semelhante.

Tal como chegou a nós, toda a ópera – quase duas horas de música – baseia-se em uma única série, utilizada com a magistral variedade prefigurada nas recentes Variações Orquestrais. Em certo sentido, o serialismo era a técnica mais apropriada para *Moses und Aron,* considerando-se que a série é uma ideia que só parcialmente pode ser representada em música, sendo infinitas suas formas possíveis, exatamente como Jeová é infinito: a voz na sarça ardente, ouvida no início da ópera, é apenas uma representação dele. Esta visão pla-

Webern em desenho de Hildegard Jone, que escreveu os textos de suas obras vocais da última fase. Os compassos reproduzidos são de uma dessas obras, a Segunda Cantata (1941-43).

tônica da série pode não ter ocorrido a Schoenberg, mas certamente exercia forte atração sobre Webern.

Ao contrário de Schoenberg, Webern continuaria a compor obras atonais após a crise dos anos 1910-14, embora sua produção se limitasse a canções, geralmente com acompanhamento de poucos instrumentos. Foi nesta forma que seu lirismo vulnerável, sua delicada arte do contraponto e uma particular sensibilidade para a improvisação na melodia, no ritmo e na instrumentação desabrocharam plenamente, em especial nas *Seis Canções de Trakl* para voz, pares de clarinetas e cordas (1917-21). Ao se tornar o primeiro compositor a adotar o método serial depois de Schoenberg, Webern a princípio mudou muito pouco seu estilo, embora verificasse – como Schoenberg – que podia agora retornar à composição instrumental. Sua primeira peça instrumental importante em treze anos foi o Trio para Cordas (1927), a que se seguiria a grande alteração estilística da Sinfonia.

Aqui a música de Webern subitamente se torna lúcida e rigorosamente disciplinada, suas texturas, canônicas, e as formas, claras e simétricas. Era como se ele afinal tivesse vislumbrado num lampejo que a série assegurava uma coerência mais abrangente até mesmo que a obtida pelos polifonistas do século XVI que tanto admirava. Como um fragmento de cantochão numa missa de Josquin des Prez, a série podia ser infinitamente reinterpretada; e como balizamento para uma obra, era ainda mais completa. Webern encarava a série como uma "lei": comentando em uma carta seu processo criativo, ele observa que a palavra grega *nomos* significa ao mesmo tempo "lei" e "melodia". Enquanto lei, organização ideal do universo cromático dos sons, a série podia dar origem a uma profusão de formas coerentemente relacionadas, assim como as leis estruturais do gelo engendram uma infinita variedade de cristais de neve similares mas diferentes. Webern exprimiu esta ideia ao escrever sobre suas Variações Orquestrais: "Seis notas são fornecidas (...) e o que se segue (...) nada mais é que esta mesma forma repetida sempre e sempre!!!" (seis notas e não doze, já que a própria série é simétrica nesta obra, como na maioria das obras de Webern da Sinfonia em diante). Para Webern, a série era um exemplo do "fenômeno primordial" de que falava Goethe, "ideal como o mais elementar objeto reconhecível, real quando reconhecido, simbólico, já que engloba todos os casos, idêntico a cada um dos casos".

Ao contrário de Schoenberg e Berg, Webern nunca retomou a composição não serial nem transgrediu as regras, chegando mesmo a torná-las mais restritivas com suas simetrias no interior da série. A resultante limitação do conteúdo dos intervalos reforçava a coerência harmônica das obras, enquanto as simetrias tornavam suas séries particularmente apropriadas às texturas imitativas e às formas espelhadas em que se comprazia. Na Sinfonia, o primeiro

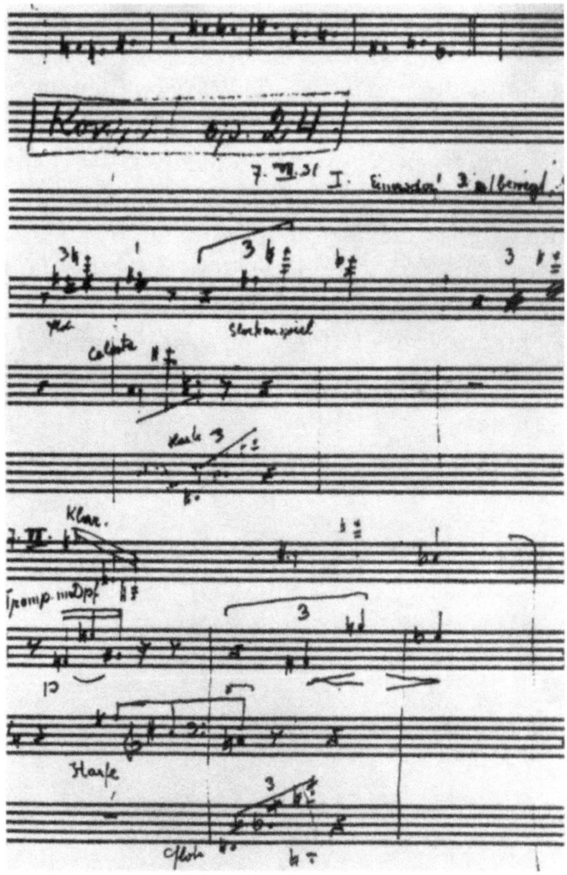

Detalhe de um esboço de Webern para seu Concerto. A série está anotada no alto, seguem-se duas tentativas de utilização musical da série, a primeira para flauta, celesta, harpa e glockenspiel, e a segunda para clarineta, trompete, harpa e flauta.

movimento em forma de cânone é seguido de uma série palíndroma de variações, encontrando-se formas igualmente estanques na maioria das obras da última fase. Elas derivavam em parte do desejo de emular as formas perfeitas de flores e cristais minerais; como escreveu, "nenhuma diferença essencial se interpõe entre os produtos da natureza e os da arte". Mas este interesse pela natureza não era apenas uma questão de forma: o colorido frio e a transparência da música tardia de Webern evocam a atmosfera dos Alpes austríacos que tanto amava, associação corroborada em seu caderno de anotações. No verso dos esboços para um movimento de concerto, por exemplo, ele escreve: "(Dachstein, neve e gelo, ar cristalino, ambiente tranquilo e acolhedor das altas pastagens) – frescor do início da primavera (Anninger, primeira flora, prímulas, anêmonas [*hepatica, pulsatilla*])."

De uma outra perspectiva, no entanto, as formas e texturas precisas de sua música podem ser vistas como produtos do neoclassicismo. Como

Schoenberg, ele retornara a modelos estruturais do passado, ainda que frequentemente os integrasse ao compacto desenho de suas próprias formas: ele definiria um movimento da Primeira Cantata como "um *scherzo* que se manifestou a partir de *variações*, mas permanece ainda assim como uma *fuga*!" O Concerto para nove instrumentos (1934) é um concerto de Brandenburgo do século XX, e as duas cantatas – embora ele comparasse a segunda a uma missa renascentista – têm muito em comum com as cantatas religiosas de Bach, inclusive o caráter piedoso. É a radical novidade do estilo de Webern que torna discreto o seu neoclassicismo, tão discreto quanto o de Bartók, que na mesma época adaptava procedimentos barrocos à construção de formas simétricas. Por muito diferentes que fossem seus estilos, Webern e Bartók

Início do Concerto de Webern, em sua versão definitiva. A passagem esboçada (ver p. 91) foi afinal orquestrada para flauta, oboé, clarineta e trompete.

Berg à época de sua primeira obra serial importante, a *Suíte Lírica* para quarteto de cordas.

mantinham-se à parte de seus contemporâneos neoclássicos, na afinidade essencial de sua música.

Alban Berg, o outro discípulo de Schoenberg, adotou o serialismo menos incondicionalmente, e jamais com um rigor comparável ao de Webern. Além disso, sua primeira experiência serial, uma canção, utilizava uma série com todos os onze intervalos possíveis, em vez das simetrias empregadas por Webern e as restrições decorrentes. Tendo provado a si mesmo que era capaz de trabalhar com o método, Berg recorreria à mesma série na *Suíte Lírica* para quarteto de cordas (1925-26), entregando-se em seguida à composição de uma segunda ópera. O ponto de partida para o libreto foram as duas peças de Frank Wedekind que têm como personagem central Lulu, mulher de sensualidade animalesca que involuntariamente leva à ruína todos aqueles que seduz.

As cartas de Berg a Schoenberg e Webern indicam que achava a composição serial lenta e árdua, mas ele acabou descobrindo seu próprio caminho graças a uma expansão complexa e pouco ortodoxa do método, trabalhando

Cena da ópera *Lulu*, de Berg (Zurique, 1963).

com séries diferentes mas correlatas e combinando operações seriais à rica harmonia tonal que nunca estivera totalmente ausente de sua música. Estas técnicas foram esboçadas na *Suíte Lírica,* na qual movimentos seriais e não seriais são unidos por uma difusa e inquietante infiltração tonal. Em *Lulu,* este serialismo semitonal se reveste de uma melosidade sentimentaloide a que as sonoridades do saxofone e do vibrafone acrescentam uma impressão de decadência contemporânea.

Berg interrompeu a composição de *Lulu* para trabalhar em duas obras encomendadas: a ária de concerto *Der Wein* (O vinho) para soprano e orquestra (1929), que envolve três poemas de Baudelaire em música com ressaibos de cabaré, à semelhança da ópera, e o Concerto para Violino (1935). Este último, dedicado "à memória de um anjo", era uma espécie de réquiem para a filha da viúva Mahler, morta aos dezoito anos, e também aqui Berg utilizou a série para opor resistência à anárquica propagação da harmonia mahleriana, da mesma forma que se valera de intrincados esquemas formais e numerológicos, para fazer frente ao colapso estrutural que ronda todas as suas obras. O Concerto de Câmara para piano, violino e treze instrumentos de sopro, por exemplo, uma obra atonal, está cheio de formações triplas, em homenagem à trindade da segunda escola vienense. Se jogos musicais como este sustentavam a forma de sua música, não se pode dizer que limitassem sua expressividade, antes parecendo-lhe essenciais. As formas tradicionais empregadas na *Suíte Lírica* servem para conter e realçar as sugestões psicológicas, como em *Wozzeck;* com efeito, a obra foi considerada uma "ópera latente" por Theodor Wiesengrund-Adorno, o filósofo-músico que demonstrou o mais vivo interesse pelo trabalho de Schoenberg e seus discípulos, e o próprio Berg diria que ela expressava "uma submissão ao destino". Como quase tudo que compôs desde *Wozzeck,* a *Suíte Lírica* parece ter sido uma preparação para a segunda ópera, assim como suas obras anteriores teriam aberto caminho para a primeira. Ao morrer, no entanto, ele deixava incompleto o terceiro e último ato de *Lulu.*

Enquanto Berg trabalhava em suas derradeiras obras seriais-tonais, Schoenberg mantinha separados os dois estilos; mais tarde, entretanto, tentaria vários tipos de combinação, embora nunca com a profusa indulgência de Berg. Na *Ode a Napoleão Bonaparte* para solo em Sprechgesang, piano e quarteto de cordas (1942), ele adaptou as regras do serialismo de modo a incorporar claras referências à tonalidade da Sinfonia *Heroica* de Beethoven (mi bemol maior), de inspiração igualmente napoleônica, e no Concerto para Piano (também de 1942) escolheu uma série que permitisse certas aproximações à harmonia diatônica. Schoenberg parece ter reconhecido que afinal o serialismo não assegurava aquilo que almejava, uma disciplina harmônica tão coerente e versátil quanto a proporcionada pelo sistema maior-menor. Webern resolvera o problema restringindo severamente a harmonia, e Berg, mantendo um ponto de apoio, por incerto que fosse, nas práticas tonais. Mas nenhuma dessas soluções convenciam Schoenberg: a primeira era excessivamente restritiva, a segunda, por demais contemporizadora. De modo que ele prosseguiria em busca de sua própria resposta. No Concerto para Violino e no Quarto Quarteto, ambos concluídos em 1936, tentou estabelecer analogias seriais para as funções diatônicas, e no Trio para Cordas (1946) valeu-se das técnicas seriais para um surpreendente retorno ao estilo desordenadamente variado de suas obras expressionistas, nas quais a veemência emocional tornara menos vital a necessidade de coerência harmônica. Ainda assim, suas derradeiras palavras no leito de morte invocariam exatamente o que lhe escapara sempre: "Harmonia! Harmonia!..."

Schoenberg nos últimos anos de vida, quando voltou a se debruçar sobre as questões morais e religiosas do relacionamento do homem com Deus, abordadas nas duas obras que não conseguiu concluir, *Die Jakobsleiter* e *Moses und Aron*.

8. O mundo moderno

"Se vivêssemos numa época normal", escreveu um dia Schoenberg, "normal como antes de 1914, a música de nosso tempo estaria numa situação diferente." É claro que o movimento moderno na música teve início antes da Primeira Guerra Mundial, naqueles anos imediatamente subsequentes a 1908 em que Schoenberg começou a compor sem temas ou tonalidade, quando Stravinsky introduzia uma nova concepção de ritmo e desvios não menos radicais eram tomados por Debussy, Bartók, Berg e Webern. Mas estas revoluções surgiram da própria tradição, como extrapolações de tendências já existentes na música ocidental. Depois da guerra as coisas seriam realmente diferentes. Eclético e irônico, o neoclassicismo demonstrou quão inexorável era a ruptura com o passado promovida pelas revoluções anteriores, e mesmo as últimas obras tonais de Schoenberg, carregadas de nostalgia, voltavam-se para uma época irremediavelmente perdida.

Para alguns, no entanto, o rompimento era bem-vindo: a nova era tinha de exprimir-se em uma nova música. Também esta atitude se manifestara naquele período de agitação artística imediatamente anterior à guerra, na música mas sobretudo nos manifestos dos compositores associados ao movimento futurista italiano. A profissão de fé inicial de Marinetti em 1909 – "(...) um motor roncando (...) é mais belo que a Vitória de Samotrácia (...)" – foi seguida de decisões não menos bombásticas sobre a revolução musical por parte dos músicos futuristas. Até Debussy dava vazão a tais sentimentos, em 1913: "Não será nosso dever", perguntava, "encontrar meios sinfônicos de expressar nosso tempo, meios que evoquem o progresso, o arrojo e as vitórias dos dias modernos? O século do avião merece sua própria música."

Luigi Russolo (1885-1947), o mais persistente e influente dos compositores futuristas, também reclamava uma música que tivesse a ver com os sons e ritmos das máquinas e fábricas, uma "arte do ruído" necessariamente

Capa de Boccioni para uma das raras obras futuristas publicadas, a *Musica Futurista* (1912) de Pratella, para orquestra.

estridente, dinâmica e profundamente sintonizada com a vida moderna. Com este objetivo, ele construiu uma série de "intonarumori" (entoadores de ruídos), engenhocas mecânicas destinadas a produzir uma variedade de estampidos, estalos, roncos, rangidos e zumbidos. Elas foram apresentadas na Itália e em Londres antes da guerra, mas só depois de introduzidas em Paris seriam realmente levadas a sério, entre outros por Stravinsky, Honegger e Varèse. Russolo, no entanto, não tinha formação musical, tendo abordado a militância futurista como pintor, e parece claro que sua capacidade em matéria de composição não estava à altura de suas ideias. Ele deu prosseguimento a suas experiências até aproximadamente 1930, mas acabou por perder o interesse e abandonou as máquinas em Paris, onde foram destruídas durante a Segunda Guerra Mundial. Só restaria de seus esforços um único e barulhento disco de 78 rotações.

O movimento significava, de qualquer modo, uma nova e decisiva arrancada, e logo a música da "era mecânica" se tornaria a grande sensação, especialmente em Paris. Foi lá que George Antheil (1900-59), um norte-americano expatriado, fez furor em 1926 com seu *Ballet Mécanique,* composto para o bisonho conjunto de oito pianos, oito xilofones, pianola, duas campainhas elétricas e hélice de avião. *Pacific 231*, imagem orquestral de uma locomotiva em movimento, composta por Honegger em 1923, foi outro produto parisiense do futurismo, embora na forma de um poema sinfônico convencional, e se pode talvez detectar alguma influência futurista no acompanhamento de percussão para as nada futuristas *Noces* de Stravinsky.

Também na União Soviética as ideias futuristas sensibilizaram os compositores ligados ao movimento construtivista, que podiam justificar sua opção estética como uma atitude de adesão à causa do proletariado. O balé fabril *Aço,* de Aleksandr Mossolov (1900-73), foi apenas a mais festejada entre muitas tentativas de criar música apropriada para as novas perspectivas de esperança que se abriam para o Estado operário. Em Paris, a vitalidade da jovem União Soviética foi exaltada por Prokofiev num balé produzido por Diaghilev em 1927, *Le Pas d'Acier,* a obra que melhor demonstrou a força do modernismo soviético-parisiense.

Mas o homem que mais proveito tirou do gosto futurista pelas sonoridades urbanas foi Edgard Varèse (1883-1965). Formado em Paris, ele ampliara seus horizontes musicais em contato com os meios artísticos de Berlim. Foi Varèse quem introduziu Debussy à música de Schoenberg; e ele se manteve estreitamente ligado a Busoni, cujo *Esboço de uma nova estética da música* provavelmente influenciou mais que os futuristas suas ideias revolucionárias. Em 1915, emigrou para os Estados Unidos, deixando para trás a maior parte de suas obras, que posteriormente se perderiam ou seriam destruídas, mas

Luigi Russolo. Caricatura de Boccioni, 1912.

Russolo regendo seu "intonarumori" em concerto no London Coliseum, 15 de junho de 1914.

levando consigo as ideias de Busoni e a lembrança marcante da *Sagração da Primavera,* de *Jeux* e das Cinco Peças Orquestrais de Schoenberg. Com ele, o núcleo mais radical da música transferiu-se da Europa, onde estas três obras haviam estreado em 1912-13, para Nova York.

A primeira composição americana de Varèse, concebida para orquestra de 142 integrantes, foi intitulada *Amériques,* para marcar sua crença em "novos mundos na terra, no céu ou no espírito dos homens". Apesar das reminiscências de Stravinsky, Debussy e Schoenberg, tratava-se de uma contribuição de impressionante originalidade, uma obra de prodigiosa energia cumulativa mas também dotada de ressonâncias mais suaves, mistura da qual Varèse extrairia ideias e possibilidades em suas obras posteriores. Acima de tudo, continuariam a atraí-lo a fascinação e o poder de impacto que descobrira na percussão. É possível que na complexa escrita para percussão de *Amériques* ele tenha seguido o exemplo de Russolo, mas não chegou a construir instrumentos próprios, e criticava no italiano a imitação grosseira dos ruídos quotidianos. Para Varèse a percussão significava força dinâmica, ataques vigorosos e a possibilidade de uma sustentação rítmica sobre a qual desenvolve as sonoridades mais audaciosas das madeiras e dos metais. E com *Ionisation* (1929-31) ele criaria uma das primeiras obras ocidentais exclusivamente para percussão.

Imediatamente depois de *Amériques,* no entanto, Varèse se dedicaria a concentrar suas novas técnicas nos cinco minutos de *Hyperprism,* para pequena orquestra de duas madeiras de registro agudo, sete metais e vários instrumentos de percussão. É uma instrumentação característica: Varèse não gostava dos instrumentos de cordas, preferindo a pungência das madeiras no registro superior, o fulgor dos metais e a força propulsora da percussão. Igualmente característica é a feição aerodinâmica da peça. Como as obras pós-futuristas dos compositores soviéticos e parisienses, *Hyperprism* é um produto do meio urbano; mas embora haja referências aos sons da cidade, notadamente com a utilização de uma sirene, a peça surte efeito antes refletindo que representando a impressão de velocidade e brusca vitalidade que a Nova York dos anos 20 deve ter causado num homem criado na província francesa antes do advento do automóvel.

Hyperprism provocou um escândalo na estreia nova-iorquina, em 1923, mas não há razão para supor que Varèse tivesse adotado a provocação deliberada, à maneira dos futuristas. Suas surpreendentes combinações sonoras eram meticulosamente planejadas e formuladas; até mesmo na ferocidade ele demonstrava refinamento. Quanto ao título pseudomatemático, pretendia certamente proclamar que uma nova era estava começando para a música, uma era de ímpeto científico em contraste com as evocações pastorais e literárias do romantismo. Varèse a antevia, entretanto, como uma era de sofisti-

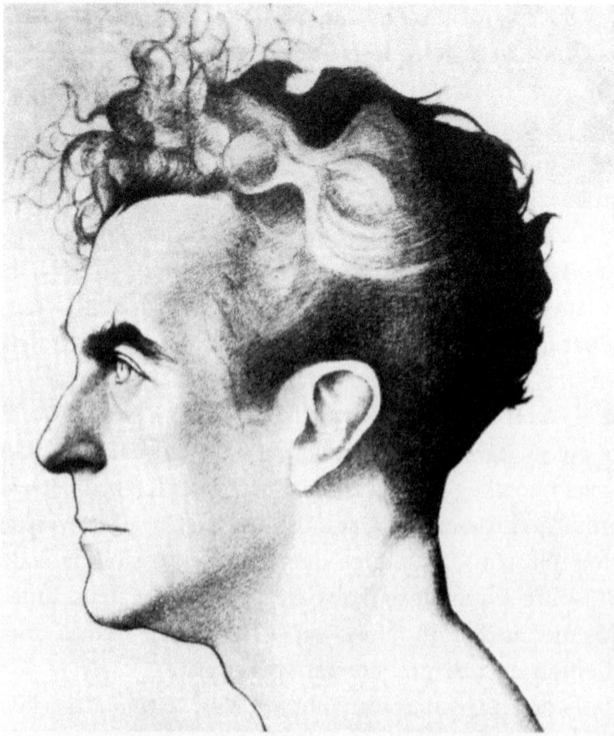

Edgard Varèse em desenho de seu amigo Joseph Stella datado de 1921, ano em que concluiu sua primeira obra composta em Nova York, *Amériques* para orquestra.

cação – e não de barbárie – na qual a música se beneficiaria com os avanços do pensamento científico. Eram sem dúvida a magia e o mistério que mais o seduziam na ciência; ele se sentia menos próximo de Einstein, que só lhe falava de Mozart ao encontrá-lo, do que do necromante medieval Paracelso, de cujos escritos extraiu uma inscrição esotérica para sua segunda grande obra orquestral, significativamente intitulada *Arcana*. Mas nem por isso deixava de reconhecer que a tecnologia tinha muito a oferecer ao artista criador, e não se cansava de preconizar a fabricação de novas e versáteis aparelhagens de geração de sons.

Desde sua chegada aos Estados Unidos, Varèse empenhara-se neste sentido, e em 1939, depois de contatos com fabricantes de instrumentos, engenheiros eletrônicos e de som, faria uma previsão espantosamente sagaz das novas possibilidades: "São as seguintes as vantagens que prevejo em um aparelho como este: libertação do sistema de temperamentos, arbitrário e paralisante; possibilidade de obter um número ilimitado de ciclos ou, se ainda se desejar, de subdivisões da oitava, e consequente formação de qualquer escala desejada; uma insuspeitada extensão nos registros altos e baixos, novos esplendores harmônicos, facultados por combinações sub-harmônicas hoje impossíveis;

Capa da primeira edição de *Hyperprism*, de Varèse. A estreia em Nova York havia causado escândalo, mas o editor londrino Keith Curwen ficou impressionado com a obra e resolveu publicá-la.

infinitas possibilidades de diferenciação nos timbres e de combinações sonoras; uma nova dinâmica, muito além do alcance de nossas atuais orquestras, e um sentido de projeção sonora no espaço, graças à emissão dos sons a partir de qualquer ponto ou de muitos pontos do recinto, segundo as necessidades da partitura; ritmos independentes mas entrecruzados em tratamento simultâneo… – tudo isto em uma dada unidade métrica ou de tempo impossível de obter por meios humanos."

À época desta declaração, vários aparelhos elétricos de produção de sons já haviam sido construídos, e Varèse acompanhava com interesse seu desenvolvimento, embora os recursos oferecidos ainda ficassem muito aquém de suas necessidades. O pioneiro neste terreno foi Taddheus Cahill, cientista canadense que apresentara em 1906 um "telharmonium" de enormes proporções: foi este aparelho que inspirou a Busoni sua profecia otimista sobre a música eletrônica. Duas décadas se passariam, no entanto, sem que surgisse alguma invenção realmente útil, até que se apresentaram três rivais: o "aetherophone" ou "thérémin" desenvolvido pelo russo exilado Leon Thérémin, as "ondas martenot" do

Leon Thérémin (à esquerda) durante uma das primeiras demonstrações do instrumento eletrônico que inventou em 1924. A emissão de sons era controlada com movimentos da mão em tomo da vareta vertical.

francês Maurice Martenot e o "trautonium" do alemão Friedrich Trautwein. Hindemith compôs em 1931 um concertino para trautonium e orquestra, e Varèse empregou em *Ecuatorial*, de 1934, dois thérémins ou ondas martenot, que dão ainda maior força a imprecações e fórmulas cabalísticas maias musicadas para vozes de baixo, metais, percussão e órgão. Hindemith e Varèse investigavam ao mesmo tempo como fazer do disco um meio criativo, permitindo ao compositor sintetizar diretamente a música eletrônica, sem instrumentos de capacidade limitada e dependentes da habilidade humana. Mas os avanços nessa direção teriam de esperar o advento do gravador de fita após a Segunda Guerra Mundial.

Embora houvesse mais instrumentos elétricos do que compositores realmente interessados em escrever para eles, Varèse não estava sozinho em suas iniciativas radicais, muito menos em Nova York. Nos anos 20 e 30, a cidade tornou-se cenário de inovações musicais em todas as frentes. A música de Ives começava a ser conhecida, e novas obras podiam ser ouvidas nos concertos da International Composers' Guild fundada por Varèse ou nos da League of Composers, nas *soirées* de Stokovski com a Philadelphia Orchestra ou nos Concertos Copland-Sessions. Os compositores jovens podiam exprimir suas ideias no jornal *Modern Music*, receber o incentivo do crítico Paul Rosenfeld e publicar suas partituras na New Music Edition dirigida por Henry Cowell (1897-1965).

Cowell foi uma figura central do que se tornou conhecido, em sinal de aprovação ou censura, como música "moderna" ou até "ultramoderna". Ainda menino, ele abordava a composição com desembaraçado senso de experimentação, chegando algumas de suas peças para piano, como *The Tides of Manaunaun* (1912), a indicar pela primeira vez que o executante tocasse em blocos sonoros (*clusters*), ou seja, grupos de notas contíguas pressionadas com o punho, a palma e o antebraço. Ele não tardaria a explorar o interior do piano, determinando que o intérprete pinçasse, raspasse ou golpeasse as cordas diretamente, em *Aeolian Harp*, *The Banshee* e outras peças de diáfana sonoridade. Posteriormente, em várias composições do início da década de 30, começaria a solicitar livre improvisação, a apresentar partituras nas quais os segmentos musicais podiam ser ordenados à vontade pelos executantes (como no *Mosaic Quartet* para cordas) e a exigir uma coordenação rítmica extremamente complexa entre os músicos de um conjunto. Para a combinação de ritmos independentes, inventou um instrumento de percussão com teclado, o rhythmicon, que Thérémin se encarregou de construir, e continuaria trabalhando incansavelmente pela nova música como editor, divulgador e escritor, reunindo suas descobertas no livro *New Musical Resources* (1930).

Entre os compositores publicados pela New Music Edition estavam Ives, Schoenberg e Webern. A música do pioneiro norte-americano agora surgia mais como confirmação das experiências radicais do que como polo de influência, ao passo que os europeus eram tomados como exemplo, de uma forma que os teria surpreendido. O mais schoenberguiano dos compositores de Nova York foi Carl Ruggles (1876-1971), com seus cerrados exercícios de contraponto dissonante. Mas suas partituras heroicas, como *Suntreader*, têm uma energia contundente tipicamente norte-americana, e mesmo suas sinuosas polifonias não são desenvolvidas em extensão comparável à de Schoenberg. Métodos quase seriais foram empregados por Ruth Crawford Seeger (1901-53), notadamente em seu Quarteto de Cordas de 1931, mas também aqui os resultados pouco têm de europeus: é música de especulação abstrata, às vezes contida em estruturas rítmicas derivadas de modelos numéricos. Tanto *Suntreader* quanto o Quarteto de Crawford Seeger foram publicados pela New Music Edition, que ainda abriria espaço para vigorosas partituras latino-americanas, como as *Ritmicas* para conjunto de percussão do mexicano Amadeo Roldán (1900-39).

Uma das principais qualidades da New Music Edition era sua ausência de exclusivismo, no que refletia a atitude musical de Cowell. Varèse considerava-se o arauto de uma nova era na música, de um novo tipo de composição que podia buscar algum apoio no passado (em seu caso, a música medieval e barroca, Berlioz e alguns antecessores recentes), mas seria essencialmente nova e característica de seu tempo – tão nova, e tão científica, que a expressão "sons organizados" seria preferida a "música". Cowell não estava tão preocupado com polêmicas progressistas. Para ele a música era agora um campo aberto em que todos os recursos, experiências e tradições (e decididamente, entre estas, as tradições exóticas e étnicas) podiam revelar-se preciosas. Esta atitude aberta e liberal parece ter sido fruto da costa oeste dos Estados Unidos, pois era compartilhada por dois outros músicos originários, como Cowell, da Califórnia: Harry Partch (1901-74) e John Cage (1912).

Partch trocou em 1928 a composição tradicional por uma existência errante, construindo seus próprios instrumentos, não raro com o aproveitamento de objetos encontrados, e afinando-os numa escala de quarenta e três notas à oitava em entonação justa (ao contrário da aproximação acústica convencional do temperamento uniforme). Isto lhe permitiu utilizar intervalos exatos, com efeitos de uma estranha pureza. Partch questionou quase toda a música europeia desde o Renascimento, propondo uma filosofia da música como arte "corpórea", experiência fisicamente envolvente de sons, palavras, mito e ação. A dança e o drama passaram a integrar sua obra, especialmente nas peças mais ambiciosas dos anos 50 e 60, não sendo estranha ao efeito excitante a visão dos músicos tocando seus belos e fantásticos instrumentos.

Henry Cowell nos últimos anos de vida. Ele estimulou a experimentação na música americana e foi responsável por inúmeras inovações em sua vasta produção.

Cage demonstrava pela tradição um desprezo tão radical quanto o de Partch. As lições de Cowell o teriam estimulado a ser ingênuo e aberto, menos talvez que as tomadas com Schoenberg, àquela altura - meados da década de 30 - refugiado em Los Angeles. O veredito de Schoenberg foi claro: "Ele não é um compositor, é um inventor - genial." Várias das obras que inventou antes da Segunda Guerra Mundial, entre elas *First Construction (in Metal)*, destinavam-se a uma pequena orquestra de percussão que ele mesmo dirigia. Graças a este conjunto, Cage podia aprofundar aquele que era então seu principal interesse - a estruturação rítmica, a construção de formas a partir de modelos numéricos de som e silêncio. O resultado é semelhante à música de gamelão, a orquestra balinesa de percussão, e muito diferente da música percussiva dinâmica e assimétrica de Varèse, cujas ideias sobre a emancipação do ruído e o desenvolvimento da música eletrônica encontravam eco em Cage.

Em 1938, Cage descobriu que era possível ter uma verdadeira orquestra de percussão sob o controle de duas mãos, adaptando objetos estranhos,

Início do manuscrito de *Imaginary Landscape n. 1*, de John Cage, para executantes de gravações de frequências eletrônicas (1 e 2), percussão (3) e piano preparado (4). (Copyright © 1960 by Henmar Press Inc.)

geralmente de borracha, metal, madeira ou papel, às cordas de um piano. Este "piano preparado" fornecia uma vasta gama de sonoridades percussivas, em vez dos sons habituais. Além disso, permitia ao compositor ajustar empiricamente os timbres durante a composição: pela primeira vez, ele realizava experiências sonoras que se tornariam comuns nos estúdios eletrônicos. Em 1939, Cage foi mais além, compondo a primeira obra para um aparelho elétrico de reprodução, *Imaginary Landscape n. 1*, que os músicos devem executar com gravações de frequência em discos sobre pratos movidos em velocidades variáveis.

Enquanto Cage e seus colegas americanos assim exploravam novos recursos musicais entre as guerras, os compositores europeus respondiam em geral de maneira mais cautelosa ao desafio de criar música para o mundo moderno. Atentos à tradição, eles não podiam ser modernos à maneira de Varèse ou Cowell, mas podiam pelo menos ser contemporâneos. Podiam abeberar-se na impetuosa vitalidade da música popular, especialmente o jazz, explorar temas da vida moderna ou ainda colocar sua música a serviço dos objetivos políticos e sociais de seu tempo.

Os ritmos excitantes e a instrumentação de brilhante nitidez do jazz dos anos 20 traziam um novo frescor, e, como pensavam alguns compositores, uma série de convenções imediatamente identificáveis para substituir as regras desgastadas da harmonia diatônica. Stravinsky abrira o caminho com seu *ragtime* de 1918, composto sem que ele tivesse ouvido a música que imitava. Na década seguinte, quando chegava ao auge a coqueluche jazzística na Europa, uma torrente de obras derivadas sairia da pena de compositores sérios, e de outros nem tão sérios. Poulenc agarrou-se à oportunidade como uma forma popularesca de satirizar as convenções ou produzir efeitos de choque, enquanto Milhaud se prevalecia da força telúrica da música afro-americana em seu balé jazzístico *La Création du Monde* (1923). Ravel incluiu um movimento inspirado nos *blues* em sua Sonata para Violino (1923-27), e abriu espaço para sonoridades *swing* no Concerto para Piano em sol (1931). Na realidade, nenhum compositor parisiense podia ignorar os novos ventos de oeste, e os próprios americanos não demorariam a acompanhá-los, embora suas obras inspiradas no jazz fossem mais diretas e espontâneas. O Concerto para Piano composto por Copland em 1926 ostenta toda a exuberância do jazz norte-americano "artístico", e na *Rhapsody in Blue* de 1924 Gershwin chegou a um estilo semelhante partindo da direção oposta.

O jazz chegou até as casas de ópera, e o exemplo mais ilustre é *Jonny spielt auf* (1925-26), de Ernst Krenek (1900). Como tantos compositores europeus de sua geração, Krenek já se mostrara capaz de mudar de estilo a seu bel prazer, passando do sinfonismo pós-mahleriano ao neoclassicismo, e mais tarde a uma

Cenário de Léger para o balé *La Création du Monde*, de Milhaud.

retomada do lirismo schubertiano; agora, com *Jonny*, acrescentava o jazz ao repertório de formas clássicas e do primeiro romantismo que vinha cultivando. A obra captou a imaginação do público, e em poucos anos era montada em quase cem cidades, de Nova York a Leningrado. Seu êxito devia-se tanto ao estilo musical quanto à atualidade do tema e da encenação: a última cena, por exemplo, passa-se numa estação ferroviária, com um trem no palco. O libreto, escrito pelo compositor, é característico da época, ao refletir o desejo de um artista europeu de se identificar com a tranquila ingenuidade, com a vitalidade espontânea do músico norte-americano de jazz, e sua facilidade para abrir caminho no mundo moderno. Para Krenek, que nunca a visitara, a América era um mundo de sonho onde o compositor podia criar sem o peso da tradição. A escassez de concertos, de música norte-americana na Europa, entre as guerras, terá contribuído para reforçar esta impressão.

Jonny foi apenas um exemplo da "*Zeitoper*", a ópera austro-germânica de temas contemporâneos e palpitantes. Os frequentadores assíduos de ópera na Alemanha de 1929-30 certamente assistiram às estreias de várias obras do gênero: de Hindemith, *Neues vom Tag* (Notícias do dia), uma história de rivalidade entre jornais; *Maschinist Hopkins*, de Max Brand; e de Schoenberg, *Von heute auf morgen*, que opõe o gênero a si mesmo e zomba dessa ânsia de

Cena da primeira produção de *Jonny spielt auf*, de Krenek, em Hamburgo, 1927.

seguir a moda, sob a forma de uma sátira de costumes. Outra novidade da temporada 1929-30 foi *Aufstieg und Fall der Stadt Mahagonny* (*Ascensão e Queda da Cidade de Mahagonny*), com libreto de Bertolt Brecht e música de Kurt Weill (1900-50). Para eles, o compromisso com a vida moderna era uma questão mais séria, assumindo caráter político. "A ópera", escreveu Weill, "será um dos fatores essenciais nos acontecimentos de âmbito mundial que anunciam a próxima liquidação de todas as artes burguesas. (...) Ela deve (...) voltar-se para as áreas de interesse do público mais amplo ao qual terá de se dirigir no futuro imediato se quiser preservar sua razão de ser. (...) A ausência de complicações internas e externas (no material e nos meios de expressão) está de acordo com o estado de espírito mais desarmado do espectador moderno." *Mahagonny* é portanto uma parábola da sociedade moderna, uma obra em que as sonoridades ásperas e comercializadas do

Cena de *Die Dreigroschenoper* (*A ópera dos três vinténs*, 1928), primeiro resultado da colaboração entre Weill e Brecht, com texto adaptado da *Beggar's Opera* de John Gay.

jazz não transmitem a ideia de liberdade, antes erigindo-se em metáfora da corrupção do Estado capitalista.

Brecht colaborou também com Hindemith, mas por pouco tempo, pois as preocupações deste eram mais sociais do que políticas. Hindemith não colocou sua arte a serviço de uma ideologia política, mas do músico amador, compondo muita "Gebrauchsmusik" (música para uso) em forma de obras de câmara simples, peças didáticas, música escolar, etc. O músico de maior engajamento político na República de Weimar foi Hanns Eisler (1898-1952), que se tornou o mais íntimo e fiel colaborador de Brecht. Schoenberg, de quem foi aluno, deplorou sua filiação a um partido, mas ele produziria uma enorme quantidade de obras – canções, coros, música de cena e para cinema –, em sua maior parte declaradamente políticas na intenção e militantes na expressão. Nos anos imediatamente anteriores à ascensão de Hitler, e novamente após a guerra, na nova República Democrática da Alemanha, Eisler fez da música de *agit-prop* uma veemente demonstração do envolvimento do compositor na vida contemporânea.

A forma que este envolvimento deveria assumir foi objeto de controvérsia na União Soviética, o que ainda hoje se verifica. Era difícil interpretar a afirmação de Lênin segundo a qual a arte "deve unir o sentimento, o pensamento e a vontade das massas, e inspirá-las", e nos primeiros anos do Estado soviético não era possível recorrer a precedentes musicais de expressa motivação política. Nos anos 20, defrontaram-se duas concepções sobre como deveria ser a música para as massas soviéticas, representadas respectivamente pela Associação para a Música Contemporânea (AMC) e a Associação Russa dos Músicos Proletários (ARMP). A primeira defendia a independência do artista, sua liberdade de explorar as técnicas mais inovadoras, e tinha em suas fileiras homens como o pioneiro serialista Roslavets e o subfuturista Mossolov. Já a ARMP opunha-se a tudo que não fosse capaz de sensibilizar diretamente operários e camponeses, encarecendo portanto a necessidade de robustas obras vocais para coros numerosos.

Shostakovich, o mais brilhante jovem compositor da nova república, pertencia ao campo da AMC, e suas obras de meados da década de 20, como a Primeira Sinfonia e a ópera O *Nariz* evidenciam um fecundo conhecimento do que realizavam no Ocidente compositores como Prokofiev, Hindemith, Bartók ou Krenek. Em 1931, no entanto, a ARMP levaria a melhor, e embora esta preponderância tenha durado apenas um ano, a criação de sua sucessora, a União dos Compositores, redundou no reconhecimento oficial da estética anti-AMC do "realismo socialista". Os compositores eram obrigados a ser "otimistas" e a repudiar o "formalismo", termo que englobava quase todas as técnicas originadas no século XX; e suas obras deveriam ser instrutivas ou

Bartók a bordo do SS *Escalibur*, de partida para os Estados Unidos, em outubro de 1940. (Copyright G.D. Hackett, N.Y.)

edificantes em sentido social ou político. A proibição em 1936 da tensa ópera psicológica *Lady Macbeth do Distrito de Mtsensk*, de Shostakovich, estreada dois anos antes, veio como uma advertência de que o modernismo, ainda que brando, não seria tolerado.

Não deixa de ser irônico que também na Alemanha nazista toda música contemporânea mais audaciosa fosse banida, à mesma época, por seu caráter "bolchevista". O novo fenômeno da interferência estatal logo resultaria no exílio mais ou menos permanente de muitos compositores da União Soviética e da Europa dominada pelo nazismo, de tal modo que no início dos anos 40 os Estados Unidos, que entre as guerras haviam experimentado os mais radicais avanços do modernismo musical, acolhiam quase todos os líderes da música europeia contemporânea: Stravinsky, Schoenberg, Bartók, Hindemith, Eisler, Krenek, Weill. Nas condições criadas pela guerra e o exílio forçado, no entanto, o resultado não poderia ser a libertação desejada por Krenek.

9. Oriente

Se uma nova libertação podia ser esperada para a música, ela não viria do Ocidente, mas do Oriente. É longa a história do orientalismo musical, remontando a fontes árabes a maioria dos instrumentos da orquestra ocidental, mas no que diz respeito à música moderna a tendência mais uma vez tem origem no *Prélude à l'Après-Midi d'un Faune,* de Debussy. Em 1889, três anos antes de iniciar esta partitura, Debussy ficou vivamente impressionado com a música oriental que ouviu na Exposição de Paris. É possível que os arabescos melódicos do *Prélude* devam algo a esta experiência, e Debussy certamente utilizou escalas e ritmos orientalizantes em *Pagodes* para piano (1903) e certas obras posteriores. À mesma época, o Oriente fascinava muitos outros compositores, especialmente na França. Nas três canções para soprano e orquestra de *Shéhérazade* (também de 1903), Ravel expressou este sentimento com versos de Tristan Klingsor: "Ásia, Ásia, Ásia! Velha e maravilhosa terra das histórias de ninar, onde dorme a fantasia como uma imperatriz em sua floresta cheia de mistério!"

A partir de 1909, a onda de exotismo nas artes foi estimulada pelas apresentações anuais dos Ballets Russes de Diaghilev em Paris, já que os primeiros grandes sucessos da companhia foram fábulas de esplendor oriental (como *Shéhérazade,* com coreografia sobre o poema sinfônico de Rimsky-Korsakov) ou contos de fada russos, como o *Pássaro de Fogo* de Stravinsky. Albert Roussel (1869-1937) criou em sua ópera-balé *Padmâvatî* (1914-18) um espetáculo de música, drama e dança situado na Índia antiga, e Puccini respondeu às expectativas já agora internacionais do público em sua última ópera, *Turandot* (1924). Até então, no entanto, nenhum compositor estudara seriamente a música oriental, limitando-se cada um a introduzir elementos orientais em obras de forma e estilo ocidentais.

As coisas começaram a mudar na década de 30, quando a música do Oriente se tornou mais e melhor conhecida através de gravações e relatos de

Figurino de Bakst (1910) para *Shéhérazade*, de Rimsky-Korsakov, na coreografia de Fokine.

Exemplo de música balinesa de gamelão, transcrita por Colin McPhee. O *gangsa gantung* e o *jegogan* assemelham-se a pequenos vibrafones, o *kajar*, o *kemong* e o *kempur* são gongos de diferentes tipos, e o *réong*, um instrumento com vários gongos enfileirados em um chassi.

etnólogos. É possível também que uma certa falta de confiança na força da tradição ocidental – algo que se manifestava notadamente no neoclassicismo – tenha contribuído para estimular um maior empenho na busca de alternativas. O compositor e musicólogo norte-americano Colin McPhee (1901-64) passou vários anos em Bali estudando a música do gamelão e aplicando o que aprendera em suas composições; e esta mesma música, com seus motivos rítmicos incessantes e sua orquestração de percussão metálica, exerceu forte influência sobre as peças para conjunto de percussão ou piano preparado compostas por Cage no final dos anos 30 e nos anos 40.

Trabalhando nessas peças sem fixar altura para os sons, Cage foi naturalmente levado a empregar meios de construção rítmicos, em vez de harmônicos, pois não poderia haver harmonia sem altura determinada. Ele chegaria à conclusão de que a estruturação rítmica era inclusive preferível como método, por ser a duração a característica mais fundamental da música, encontrada tanto no som quanto no silêncio. "Foram necessários", escreveu, "um Webern e um Satie para redescobrirmos esta verdade musical, que era evidente – segundo nos mostra a musicologia – para certos músicos da nossa Idade Média e para todos os músicos de todas as épocas no Oriente (exceto aqueles que atualmente tratamos de estragar)." Satie recorrera a esquemas numéricos para predeterminar as durações em algumas de suas peças, e Webern explorara as possibilidades expressivas do silêncio; mas somente no Oriente pôde Cage encontrar tradições musicais plenamente desenvolvidas nas quais os esquemas rítmicos constituíssem elemento estrutural básico.

Outros compositores americanos também voltavam sua atenção para a música oriental. Foi nela que Partch descobriu modelos de integração dramático-musical, e Cowell empreendeu uma investigação que o levaria a empregar instrumentos e princípios musicais originários de países tão remotos quanto o Japão, a Índia e a Pérsia. Para Cage, no entanto, o interesse logo deixaria de ser apenas estético. Em sua mais ambiciosa obra para piano preparado, as Sonatas e Interlúdios (1946-48), ele decidiu "buscar a expressão musical das 'emoções permanentes' da tradição indiana: o heroísmo, o erotismo, o maravilhoso, o júbilo, a dor, o medo, a ira, o ódio e sua tendência comum para a serenidade". Ao mesmo tempo, estudava o zen com o doutor Daisetz T. Suzuki na Universidade de Columbia, o que levou a algo mais que a expressão musical do pensamento oriental: em *Music of Changes* para piano (1951), Cage incorpora a filosofia oriental ao próprio processo de composição. As decisões criativas eram tomadas com base em "operações de azar", como as denominava, consistindo em lances de cara ou coroa inspirados no *I ching*, o "livro das mudanças" chinês.

Music of Changes é uma obra inteiramente composta; em outras palavras, embora os sons e sua sucessão fossem até certo ponto determinados pelo acaso,

Músicos de gamelão balinês, com um *réong* em primeiro plano.

Manuscrito do início da *Music of Changes* para piano, na qual Cage pela primeira vez determinou a forma da música mediante procedimentos aleatórios. (Copyright © 1961 by Henmar Press Inc.)

a notação é completa e deve ser observada pelo executante. Mas bastava um passo para tornar qualquer peça totalmente dependente do acaso, com a liberalização da notação, e Cage o deu em *4' 33"* (1952). Nesta obra, originalmente apresentada por um solista ao piano, mas adaptável a outros instrumentos, não existe qualquer som anotado: os músicos mantêm-se em silêncio, "consistindo" a peça nos sons ambientais e eventualmente do público. Era inevitável que *4' 33"* fosse recebida como pilhéria, mas havia na peça uma intenção séria, ou antes, nas palavras de Cage, uma "não intenção". Seu trabalho com o acaso foi profundamente influenciado pelo pensamento zen, e a partir daí Cage se empenharia em criar obras "livres do gosto e da memória individuais em suas sequências de acontecimentos", para que o compositor pudesse "deixar os sons serem eles mesmos num espaço de tempo".

Somente um compositor norte-americano poderia ter empreendido uma revisão tão radical do sentido da música, estabelecendo a "não intenção" zen no lugar da realização de um produto da vontade individual, finalidade da arte europeia desde o Renascimento. Cabe recordar aqui uma anedota relatada por Cage. "Certa vez, em Amsterdam, um músico holandês me disse: 'Deve ser muito difícil para vocês compor música na América, tão afastados dos centros da tradição'. E eu tive de responder: 'Deve ser muito difícil para vocês compor na Europa, tão próximos dos centros da tradição'."

Um contemporâneo francês de Cage, Messiaen, que também começou a se interessar pela música oriental nos anos 30, tomou um caminho totalmente diferente. Atraíam-no sobretudo novas ideias musicais, e não questões religiosas ou filosóficas, terreno em que se manteve fiel à Igreja Católica. Apesar da profunda atenção que dedicou à música oriental, suas obras tiveram sempre as características ocidentais de acabamento e singularidade, embora contenham traços inequívocos dos modos orientais, das formas rítmicas codificadas num tratado medieval hindu ou das sonoridades do gamelão balinês.

L'Ascension, para órgão e orquestra (1933-34), é a primeira obra em que ele introduz ritmos hindus, que voltariam a se manifestar, frequentemente em complexas combinações e desenvolvimentos, em grande parte de seu trabalho posterior. Como Cage, Messiaen via no ritmo o componente mais importante da música: "Não devemos esquecer", escreveu, "que o elemento primeiro e essencial da música é o ritmo, e que ritmo é antes de mais nada mudança de grandeza e duração" (ressalva em que revela o quanto deve à técnica celular da *Sagração da Primavera*). O repertório rítmico de Messiaen é portanto extenso, abrangendo não só ritmos hindus como os modelos de metrificação da poesia clássica grega, ambos utilizados como fórmulas despojadas de suas funções e associações originais. Desse modo, a utilização de ritmos hindus não dá a sua música uma sonoridade especificamente indiana, nem havia de sua parte maior preocupação com os significados simbólicos dos ritmos. O mesmo se verifica com a orquestração percussiva, à maneira do gamelão, numa obra como a *Turangalîla-Symphonie* (1946-48), que inclui celesta, vibrafone, glockenspiel e outros instrumentos de metal: o colorido pode ser balinês, mas vem associado a materiais rítmicos e harmônicos de outras origens, resultando num efeito global que é puro Messiaen.

Sua habilidade para fundir ideias musicais de diferentes procedências em uma música imediatamente reconhecível escora-se sobretudo na harmonia modal que adotou, seguindo basicamente exemplos ocidentais: Debussy, Liszt, os nacionalistas russos e o cantochão. O modalismo aparece desde o início em sua música, decorrendo talvez do desejo de evitar a tonalidade adulterada do neoclassicismo. Tendo crescido na Paris dos Seis, Messiaen sentiu a necessidade de manifestar sua crença na música como arte séria, dotada para exprimir o maravilhoso e o profundo, e encontrou no modalismo um universo musical inocente. Ele permitia progredir sem ironia, tomando por referência culturas nas quais a música estivera intimamente ligada à religião – a Europa medieval, a Grécia clássica e o Oriente.

Ao mesmo tempo, fascinava-o o "charme das impossibilidades" originado pelo que denominou "modos de transposição limitada" (ou seja, seleções simétricas das doze notas da escala cromática, como na escala de tons inteiros). Em suas obras dos anos 30 e 40, estes modos de transposição limitada proporcionaram uma harmonia suave e suculenta, muito distante das sonoridades rascantes do neoclassicismo de Stravinsky e dos sombrios emaranhados da atonalidade serial de Schoenberg. Era um estilo admiravelmente apropriado a suas finalidades expressivas: celebrar o amor sexual e o afeto conjugal, e acima de tudo proclamar o amor e o mistério de Deus. Como diria ele mesmo, "a primeira ideia que eu quis expressar, a mais importante por se colocar acima de tudo, é a existência das verdades da fé católica. (...) É este o principal aspecto do meu trabalho, o mais nobre, sem dúvida o mais útil, o mais válido."

No ciclo de canções *Poèmes pour Mi* (1936-37) combinam-se os grandes temas da obra de Messiaen, na medida em que a relação entre marido e mulher deve refletir a que existe entre Cristo e a Igreja, entre Deus e o homem. O estilo surrealista dos poemas que ele mesmo escreveu, como faria em várias outras obras, encontra eco na riqueza de imagens da harmonia, no colorido da música, em sua opulência e impetuosa energia. Há aqui algo da inocente força erótica da escultura hindu, sentida também, com intensidade ainda maior, na *Turangalîla-Symphonie*. Ao concebê-la, Messiaen não foi buscar no Oriente apenas ritmos e cores, mas também o título, uma palavra sânscrita que segundo ele pode significar "canção de amor, hino à alegria, tempo, movimento, ritmo, vida e morte". Mas o tema subjacente de *Turangalîla* não é qualquer mito

Olivier Messiaen, cuja Turangalîla-Symphonie utiliza sonoridades do gamelão e fórmulas rítmicas indianas.

oriental, mas a lenda de Tristão e Isolda, e sob certos aspectos é esta uma de suas obras menos orientais: vários de seus dez movimentos ostentam um dinamismo harmônico que os deixa muito distantes dos nítidos "blocos" formais, tipicamente orientais, a que seu interesse pelo ritmo, a simetria e os números naturalmente o conduziam.

Turangalîla também é excepcional por não ser uma obra explicitamente teológica. As grandes composições de Messiaen são em sua maioria exegeses da doutrina católica: a ressurreição do corpo em *Les Corps Glorieux* para órgão e *Et Exspecto Ressurrectionem Mortuorum* para sopros e percussão, os mistérios da divindade do Cristo em *L'Ascension* e no oratório *La Transfiguration de Notre Seigneur Jésus-Christ.* Messiaen insiste em que não são obras místicas, mas elas inegavelmente constituem elaboradas construções de imagens e símbolos, representando um papel central o simbolismo numérico. É por sinal nos números que o principal interesse musical de Messiaen vai ao encontro de sua maior preocupação como artista, pois um número, ou sequência numérica, pode ser representado por uma ideia rítmica e ao mesmo tempo simbolizar uma qualidade teológica. E a utilização de elementos exóticos em música destinada a proclamar a fé católica não é em absoluto contraditória, pois aos olhos de Messiaen a vontade de Deus se manifesta em todas as coisas, e tudo pode servir a sua glória.

É significativo que as primeiras obras de Messiaen tenham sido compostas por volta de 1930, quando outros compositores também voltavam sua atenção para o divino. Schoenberg retornou formalmente à fé judaica em 1933, ao se exilar da Alemanha nazista, embora já tivesse concluído o que deixaria completo de *Moses und Aron*, além de vários coros para seus próprios textos filosófico-religiosos. Nos Estados Unidos, compôs um *Kol Nidre*, e seu último projeto seria uma outra sequência de coros, os *Modern Psalms*, dos quais só pôde concluir a abertura do primeiro, interrompendo-se a música, significativamente, nas palavras "e no entanto eu rogo". A música religiosa de Stravinsky, iniciada em 1926 com o texto do Pai Nosso em eslavônico eclesiástico, seria retomada neste período com a *Sinfonia dos Salmos* e a Missa para coro e sopros. Foi esta, ainda, uma época de reflorescimento da composição litúrgica em vários países europeus: a Missa de Stravinsky foi mesmo concebida para execução em igrejas.

Messiaen não participou deste movimento. Ele foi organista da igreja de Trinité, em Paris, durante a maior parte de sua vida adulta, mas publicou apenas um breve moteto para fins litúrgicos. Várias de suas obras de concerto, no entanto, evocam a ordem e as cerimônias rituais. Nas *Trois Petites Liturgies de la Présence Divine*, para coro feminino e orquestra (1944), ele tentou "realizar um ato litúrgico, ou seja, transpor uma espécie de ofício, de louvor organizado à sala de concerto"; e *La Transfiguration* (1963-69) é outra obra, de proporções ainda maiores, para concerto sacro.

La Transfiguration é sob muitos aspectos a suma teológica e musical de Messiaen. Estão reunidos aí os temas que sempre lhe pareceram mais importantes: o mistério da Trindade, a divindade do Cristo, a filiação do homem a Deus, a grandeza da natureza como revelação da majestade divina. Em termos musicais, a obra desenrola todo o repertório de ideias e técnicas do autor, dos ritmos hindus à percussão do gamelão, da métrica grega à harmonia modal, da melodia de cantochão ao canto dos pássaros.

Este último, fonte capital de sua música desde o início dos anos 50, representa para ele "a verdadeira e esquecida face da música", uma música por assim dizer "em estado de graça", não corrompida pela civilização humana. Em suas transcrições, baseadas em anotações tomadas no contato com a natureza, Messiaen tentou reproduzir as melodias, ritmos e timbres do canto de numerosos pássaros, e algumas de suas obras posteriores seriam em grande parte compostas a partir deste material natural. O *Catalogue d'Oiseaux* para piano (1956-58), por exemplo, é uma coleção de peças que

Messiaen no campo, anotando cantos de pássaros. *Photograph copyright Ingi Photographe.*

Partitura autógrafa de Messiaen com a "Epode" de sua *Chronochromie* para orquestra (1960). Este movimento consiste de imitações de cantos de pássaros em solos de cordas.

apresentam cada uma a imagem sonora de determinado pássaro em seu habitat com os companheiros, frequentemente em uma hora específica do dia. Esta escrita descritiva pode ter sua origem em Debussy, mas a abordagem de Messiaen é muito mais "científica": as representações dos cantos dos pássaros são tão exatas quanto possível, e as cores do céu, das plumagens e do ambiente vêm traduzidas em harmonias que, para ele pelo menos, evocam a apropriada impressão visual. O que ele chama de "segundo modo de transposição limitada", por exemplo, "gira em torno de certos violetas, certos azuis e do roxo violáceo – enquanto o modo n. 3 corresponde a um laranja com matizes vermelhos e negros, um toque dourado e um branco leitoso de reflexos furta-cor, como nas opalas".

As correspondências entre sons e cores estão entre os muitos simbolismos pessoais e mesmo íntimos da música de Messiaen. Associadas a sua suprema ambição de proclamar os mistérios da teologia católica, elas fizeram de sua música algo totalmente à parte no panorama do século XX. Na realidade, Messiaen sente-se muito mais próximo dos artistas dos esplendores e simbolismos divinos de outrora – os construtores das catedrais góticas ou os arquitetos dos templos do antigo Oriente Médio – do que dos de sua época. E no entanto, como professor sua influência sobre a música moderna só é superada pela de Schoenberg, estando entre seus alunos três integrantes da talentosa geração que surgiu na Europa logo depois da Segunda Guerra Mundial: Pierre Boulez (1925), Jean Barraqué (1928-73) e Karlheinz Stockhausen (1928).

Trecho de *Le Marteau sans Maître*, de Boulez, cujas sonoridades percussivas e dinamismo rítmico demonstram a influência da música balinesa e africana.

Como os discípulos de Schoenberg, os de Messiaen aprendiam com ele menos os fundamentos técnicos do estilo do mestre do que os meios de avançar pelos caminhos próprios a cada um, sobretudo no terreno do ritmo. Mas a principal lição da música de Messiaen foi talvez a de que tudo podia ser utilizado na criação de uma obra, e sobretudo qualquer música exótica. Como escreveu Boulez, "ele nos ensinou a olhar ao redor e compreender que *tudo* pode tornar-se música".

Especialmente no que diz respeito a tradições estranhas, a lição é aparente em *Le Marteau sans Maître* (1952-54), de Boulez, para contralto e pequeno conjunto no qual o vibrafone é usado como substituto do gamelão, enquanto a xilorimba e a percussão indicam a influência da música negra africana. Em Boulez, no entanto, toda referência a outras músicas é excluída na medida do possível. Nos *Sept Haïkaï* para piano e pequena orquestra (1962), Messiaen chegou ao ponto de recriar a música gagaku da corte imperial japonesa, mas para Boulez este tipo de imitação exótica tinha pouco interesse. É certo que ele aprendeu muito com a música não europeia, em particular durante as excursões como diretor musical da companhia teatral de Jean-Louis Barrault: como ele mesmo admitiria. "as descobertas que pude fazer então foram muito importantes para mim como compositor, pois me libertaram das convenções instrumentais euro-

Karlheinz Stockhausen com músicos de teatro nô durante sua visita ao Japão em 1966.

Steve Reich e conjunto executando sua *Music for 18 Musicians* (1976).

peias". Mas embora a utilização da harpa nas *Improvisations sur Mallarmé* para soprano e conjunto de percussão (1957) possa ter derivado da audição de um índio peruano que tocava este instrumento, não se trata de simples imitação.

A música composta por Stockhausen no final dos anos 60 e na década seguinte evidencia maior disposição de aceitar abertamente influências exóticas, no que foi estimulado por uma experiência de trabalho no Japão, em 1966. Lá, ele tentou adaptar-se a uma cultura estranha, "descobrir o japonês que há em mim", como escreveu; e na *Telemusik* eletrônica que compôs em Tóquio, procurou "escrever não a 'minha' música, mas a música do mundo inteiro, de todas as raças e países". A obra reúne gravações de músicas nativas da Espanha e do Vietnam, de Bali e do Saara do sul, do Japão e da Hungria, todas aparecendo fugazmente e interagindo por meios eletrônicos, como se a música de todo o planeta estivesse sendo difundida por um super-rádio de ondas curtas. Em várias composições posteriores Stockhausen sofreu a influência do pensamento oriental, como Cage vinte anos antes, mas em seu caso resultou uma visão da música como meio de comunicação com o divino e parte integrante da vida humana. Seu *Mantra* para dois pianos e instrumentos eletrônicos (1970), por exemplo, é uma tentativa de criar a "música tântrica" capaz de "trazer os deuses a nossa vida", segundo as palavras que cita da obra de Satprem, *Sri Aurobindo, ou a aventura da consciência.*

À época da criação de *Mantra,* já se haviam generalizado no Ocidente os efeitos da música e da filosofia orientais, da utilização de sitares em conjuntos de rock à música de despertar espiritual composta por Stockhausen. Seguindo o exemplo de McPhee, vários compositores americanos debruçaram-se atentamente sobre as tradições exóticas e até aprenderam a tocar a música do Japão, de Bali, da Índia ou da África negra. Um deles foi Steve Reich (1936), que manifestou suas esperanças quanto aos resultados deste interesse em *Some Optimistic Predictions about the Future of Music* (1970): "As músicas não ocidentais em geral, e especialmente as da África, Indonésia e Índia, fornecerão novos modelos estruturais aos músicos ocidentais. Mas não se trata de modelos sonoros (isto fica por conta do velho 'barato' do exotismo). O que se espera é que aqueles de nós que amamos os sons simplesmente aprendamos a tocar estas músicas".

10. Continuação do serialismo

A alternativa, ou contrapeso, para a "música do mundo inteiro" parecia estar, desde o final dos anos 40, no desenvolvimento da técnica puramente ocidental do serialismo. Este renovado interesse pelo método de Schoenberg era em primeiro lugar surpreendente, pois à morte de Webern, em 1945, tudo parecia indicar que o serialismo perdera o ímpeto. Berg morrera dez anos antes, e a Schoenberg só restavam alguns anos de vida. O método fora adotado por alguns de seus últimos alunos, menos talentosos que Webern e Berg mas ainda assim capazes em alguns casos de utilizá-lo de forma pessoal: Roberto Gerhard (1896-1970) aplicou o princípio com vitalidade e colorido tipicamente espanhóis, e Nikos Skalkottas (1904-49) levou o serialismo para Atenas, produzindo numerosas e densas obras seriais paralelamente a seu trabalho como violinista de orquestra. Outros compositores adotaram o serialismo de maneira independente. Krenek trocou o estilo de jazz clássico pela composição serial na ópera *Karl V* (1930-33), e Frank Martin (1890-74) começou em meados da década de 30 a enriquecer com técnicas seriais seu estilo de refinada harmonia francesa. Luigi Dallapiccola (1904-75), impressionado sobretudo com a elegância da música de Webern e a força dramática de Berg, iniciou o desenvolvimento de um estilo serial próprio em 1942. De maneira geral, no entanto, o serialismo era considerado "matemático" e até desumano.

Mas as coisas mudariam, iniciando-se uma ampla disseminação do serialismo, exatamente no ano seguinte ao da morte de Webern. Boulez compôs então suas primeiras obras mais conhecidas, e no ano seguinte, 1947, Milton Babbitt (1916) produziu seu primeiro ensaio serial, Three Compositions para piano. Mas não eram estes casos isolados. Boulez logo se tornaria o líder e principal polemista de um grupo muito unido de serialistas parisienses, sendo Babbitt apenas o mais inventivo e metódico entre os muitos compositores norte-americanos que por essa época se interessavam pelo serialismo.

Milton Babbitt, o mais rigoroso dos compositores seriais, junto ao Sintetizador RCA que utilizou na criação de todas as suas obras eletrônicas.

Por estranho que à primeira vista parecesse, havia bons motivos para que um método originado em Viena viesse a dar frutos em Paris (o centro da oposição, por assim dizer, como berço do neoclassicismo stravinskiano) e nos Estados Unidos. A expansão nazista na Europa levou Schoenberg e seus alunos a deixar a Alemanha e a Áustria, e foi em Paris e nos Estados Unidos que eles se instalaram. Boulez e seus companheiros estudavam com Messiaen, cujo conhecimento do serialismo era inevitavelmente limitado pela escassez de partituras publicadas, gravações e execuções, mas também foram iniciados na técnica serial por um aluno de Webern, René Leibowitz. Nos Estados Unidos, o próprio Schoenberg ensinaria a partir de 1936 na Universidade da Califórnia, em Los Angeles; e sua presença estimulou até mesmo aqueles compositores, como Babbitt, que não frequentaram seus cursos.

Esta renovação do interesse pelo serialismo após a Segunda Guerra Mundial também pode ter sido estimulada pelo desejo de começar tudo de novo. Em nenhum país se fez sentir com tanta intensidade este anseio quanto na Alemanha, e foi lá, no Instituto Kranichstein, de Darmstadt, que o novo movimento serial europeu fixou seu quartel-general a partir dos primeiros anos da década de 50, pelo menos nos meses de verão, quando compositores e estudantes se reuniam para debater a música de seu tempo. Stockhausen assistiu aos cursos de Darmstadt pela primeira vez em 1951, ouvindo uma gravação de uma peça para piano de Messiaen, *Mode de Valeurs et d'Intensités* (1949), que estabelecia "escalas" não só de altura, mas de duração; intensidade e ataque. Há indícios de que Messiaen estudara em 1944 a possibilidade de uma organização serial desses outros elementos musicais. Ele não chegou a pôr a ideia em prática em *Mode de Valeurs* (que é modal, e não serial), mas a obra efetivamente abriu caminho para o que se tornou conhecido como "serialismo integral".

Possivelmente inspirando-se na sugestão de Messiaen, Boulez começara a investigar as possibilidades de um serialismo rítmico e dinâmico na Segunda Sonata para Piano (1948) e no *Livre pour Quatuor* (1949), e em 1951 chegou finalmente ao serialismo integral na primeira parte de suas *Structures* para

Pierre Boulez à época da composição de *Structures* para dois pianos, em que experimentou e rejeitou a determinação serial integral.

Luigi Nono e Stockhausen em Darmstadt, 1956.

dois pianos. Boulez partiu de escalas dodecafônicas não só de altura, mas de duração, dinâmica e ataque: cada fator é rigorosamente controlado segundo princípios seriais, resultando uma contínua mudança em todos os níveis. Também em 1951 Stockhausen compôs sua primeira obra de plena maturidade, *Kreuzspiel* (Jogos cruzados) para oboé, clarineta baixo, piano e percussão, na qual o serialismo é novamente aplicado ao ritmo e à dinâmica.

Stockhausen e Boulez encontraram um precedente para seu serialismo generalizado nas obras tardias de Webern, que se tornou para eles "*O* ponto de partida", não contaminado pela decadência romântica de Schoenberg e Berg, lutando sozinho por dar coerência ao método serial. É improvável que Webern tenha jamais cogitado de aplicar o serialismo a outros elementos que não a altura, mas sua preocupação com os detalhes parecia prenunciar uma música em que cada nota fosse composta separadamente, como ocorreria com o serialismo integral. Além disso, a clareza de suas estruturas era admirável. Para Boulez, "estrutura" era "a palavra chave de nossa época", constituindo ao lado da organização o maior empenho dos compositores do serialismo integral, que se consideravam arquitetos ou engenheiros do som. Eles perseguiam suas ideias com rigor quase científico; falava-se muito de "pesquisa" e matemática em seus ensaios técnicos. A aspiração de uma arte objetiva dos sons, expressa por Stravinsky vinte anos antes, podia parecer realizada no serialismo integral, mas não foi o que ocorreu. A personalidade não seria sufocada pelo rigor construtivo, como não havia sido totalmente descartada pela "não intenção" de Cage: apesar de todos os controles, as *Structures* de Boulez debatem-se num delirante frenesi bem típico de suas obras anteriores, e muito distante da volátil inspiração jazzística dos *Kreuzspiel* de Stockhausen.

Desconhecido dos compositores de Darmstadt, Babbitt chegara por sua vez ao controle serial do ritmo nas Three Compositions para piano (1947), mas diferenciava-se essencialmente de Boulez e Stockhausen em sua visão do serialismo. Concentrando-se nas propriedades matemáticas do serialismo como sistema (não obstante os protestos de Schoenberg, seu método tornara-se agora um sistema, para as gerações mais jovens), Babbitt inventou procedimentos seriais rítmicos dotados da analogia mais estreita possível com as técnicas de manipulação convencionalmente usadas no serialismo intervalar. Boulez e Stockhausen haviam-se limitado a uma escala aritmética de durações variando, por exemplo, de uma a doze fusas (uma semínima pontuada), optando por este limite porque são doze as notas da escala cromática. Babbitt, no entanto, enfrentou de maneira sutil e engenhosa uma questão inicialmente ignorada pelos serialistas europeus, a saber, que a altura dispõe de uma unidade regular, a oitava, para a qual devia ser encontrado um equivalente rítmico. O êxito que a este respeito alcançou, e a disciplina

Capa de *Formel*, de Stockhausen, para pequena orquestra, reproduzindo a primeira página da partitura, com as anotações do compositor sobre sua estrutura formal baseada no número 12.

Excerto de *Structures la* para dois pianos, de Boulez, mostrando as estruturas seriais de altura e ritmo.

a que se submeteu, deram a sua música uma impressionante coerência, um acabamento nos antípodas da desconcertante instabilidade de obras como as *Structures* de Boulez.

O próprio Boulez logo se emanciparia do estrito controle evidenciado nesta obra, que representou para ele um *nec plus ultra.* Ele pensara inicialmente em um título emprestado de Klee, *Monument at the End of Fertile Lands,* e seu processo criativo pode ser associado neste caso particular a uma nota do diário do pintor: "Quero ser como uma criança recém-nascida, sem saber nada, absolutamente nada, sobre a Europa; ignorando poetas e modas, ser quase primitivo. E então realizar algo muito modesto, inventar por minha conta um motivo formal bem simples". A sujeição a um sistema quase automático de controle, como ocorre em *Structures Ia,* permitiu a Boulez apagar da memória tudo que aprendera do passado, qualquer traço de outros estilos. Como explicaria ele mesmo, "nossa primeira preocupação – ingênua talvez, mas não infeliz neste sentido – foi buscar uma expressão gramatical que determinasse a linguagem de forma precisa, e por muito tempo. Em outras palavras, não se tratava simplesmente de encontrar a moda para uma determinada estação, como faria um costureiro, mas de descobrir soluções de longo alcance. Tais soluções nos impunham a submissão a disciplinas rigorosas, nas quais nos sentíamos tolhidos, mas pelas quais éramos obrigados a passar. (...) Sem negar, sem fazer *tabula rasa* de tudo que foi recebido como herança, sem manifestar dúvidas essenciais quanto à validez de tudo que se passou antes, ninguém pode progredir. Para nós, estas dúvidas conduziam à necessidade de um controle absoluto."

É possível compreender o companheirismo que surgiu nesta época entre Boulez e Cage, e que de outra maneira pareceria estranho, já que Cage se dirigia para a suave anarquia da *Music of Changes* no momento exato em que Boulez tomava o caminho da predeterminação total. Eles podiam julgar-se em caminhos paralelos porque ambos utilizavam tabelas numéricas para estabelecer as estruturas rítmicas, e sobretudo porque visavam igualmente a criação objetiva. Mas enquanto Cage tentava impedir a infiltração de sua própria personalidade, Boulez procurava suprimir o passado para que uma nova "linguagem" pudesse desenvolver-se.

O que Boulez mais parecia empenhado em eliminar, nas *Structures Ia*, era a herança de Schoenberg e Messiaen, tão importante em sua música anterior (embora tenha prestado homenagem ao mestre francês, fundamentando parcialmente a obra na concepção modal adotada por Messiaen em *Mode de Valeurs*). Suas composições de 1946-49 haviam demonstrado como assimilou e desenvolveu o serialismo de Schoenberg e a orquestração exótica de Messiaen,

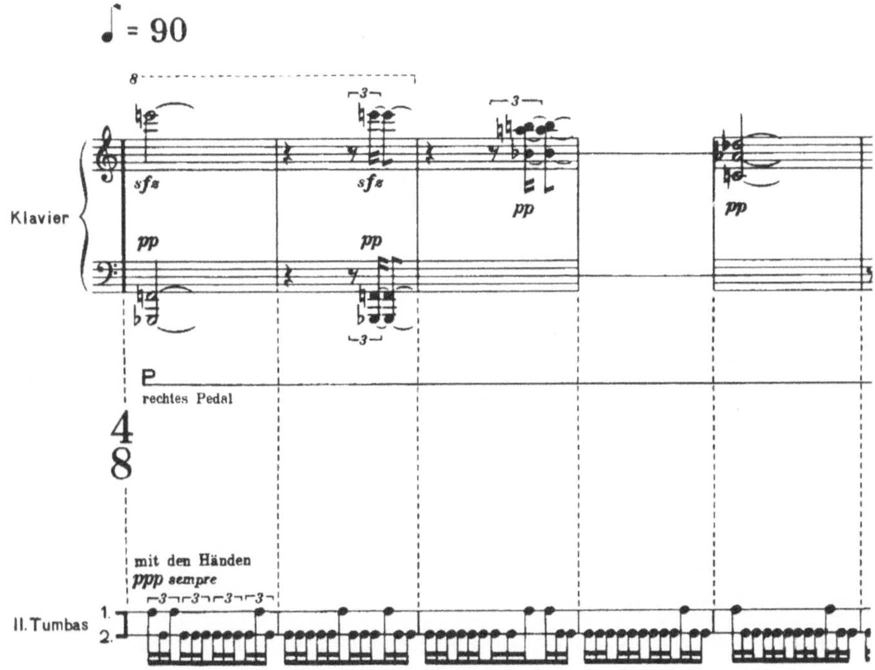

Início de *Kreuzspiel*, de Stockhausen, para oboé, clarineta baixo, piano e percussão. As tumbas anunciam suavemente uma série rítmica: 2-8-7-4-11-1-12-3-9-6-5-(10).

seus contornos voluptuosos. Ainda mais notável, no entanto, é a veemência expressiva com que Boulez se mostra sensível às imagens surrealistas de René Char nas cantatas *Le Visage Nuptial* e *Le Soleil des Eaux*, ou se inspira na *Hammerklavier* de Beethoven em sua Segunda Sonata para Piano. Há nessas obras algo da fúria flamejante de Artaud, que também se reflete nas polêmicas sustentadas por Boulez no período do serialismo integral: "Schoenberg está morto" foi o título do obituário muito pouco reverente, e mesmo de gosto duvidoso, que escreveu para um de seus pais musicais, enquanto a *Turangalîla-Symphonie* do outro seria descartada como "música de bordel". Sua atitude era intransigente: "Todo músico que não sentiu – e não digo compreendeu, mas efetivamente sentiu – a necessidade da linguagem serial é INÚTIL".

A complexa "linguagem serial" de obras como *Structures* e *Kreuzspiel* não se abre a uma percepção imediata, o que não é necessariamente uma crítica, pois a compreensão musical não pressupõe a análise auditiva de forma e função. A música de Babbitt efetivamente exige do ouvinte as sutis discriminações de métrica e duração sobre as quais repousa seu serialismo rítmico, mas para os serialistas europeus a utopia racional era pouco mais que um pretexto de controvérsia: falava-se muito de "lógica" musical, mas nas obras já não era tão fácil encontrá-la. Além disso, a fase do serialismo integral foi breve, pelo menos na Europa. Enquanto Babbitt compunha obras de sofisticado equilíbrio como o Segundo Quarteto de Cordas (1954), seus contemporâneos europeus evoluíam para caminhos mais amplos e rebuscados.

Deste período em diante, o desenvolvimento do serialismo na Europa pode ser acompanhado sobretudo nas obras de Stockhausen. Ele parece ter-se aproximado mais de uma tentativa doutrinária de serialismo integral na peça orquestral *Punkte* (Pontos, 1952), que só seria publicada em versões radicalmente revistas. Seu título chama a atenção para o tipo de textura mais típico do serialismo integral, que, tratando cada nota como unidade separada, deu origem à música "pontilhista", feita de partículas isoladas de som. Stockhausen percebeu os limites desta técnica, e nos *Kontra-Punkte* (Contrapontos, 1952-53), negação explícita da obra anterior, introduziu como alternativa "grupos" constituídos de explosões mais ou menos homogêneas de notas. Num "grupo", os sons individuais têm importância acessória em relação ao todo; a ideia derivava em parte dos floreios orquestrais de *Jeux*, de Debussy, embora em *Kontra-Punkte* seja aplicada na escala reduzida de uma peça de câmara para dez instrumentos, na qual os "pontos" e "grupos" se opõem em contraponto a si mesmos e uns aos outros.

No caso de Stockhausen, a lição positiva do serialismo integral foi a de que qualquer aspecto do som podia ser submetido a transformações seriais. Em *Gruppen* (Grupos, 1955-57), sua mais ambiciosa incursão pela composição em

Manuscrito do início do Segundo Quarteto de Cordas de Babbitt. Os três primeiros compassos são totalmente ocupados pela terça menor e intervalos relacionados, e os dois seguintes, pela família da terça maior.

"grupos", ele usou uma escala de andamentos de maneira serial, mas é o aproveitamento do espaço a característica mais inovadora da obra, composta para três orquestras dispostas em diferentes partes de um auditório. A separação no espaço foi determinada pela necessidade de execução simultânea de "grupos" complexos em andamentos distintos, o que só poderia ser conseguido com a distribuição dos instrumentistas em diferentes conjuntos, cada um com seu próprio regente, encarregando-se os regentes da coordenação. Uma vez criada esta situação, Stockhausen tratou de tirar o máximo proveito, particularmente do clímax da obra, no qual um acorde de metais é projetado através da sala, de uma orquestra para outra.

Efeitos espetaculares como este se tornariam uma característica de Stockhausen, e no caso de *Gruppen* abriram caminho para um aproveitamento do

Ensaio para a estreia de *Gruppen*, de Stockhaussen, com regência do autor (orquestra 1, à esquerda), Bruno Maderna (orquestra 2, centro) e Pierre Boulez (orquestra 3, direita).

espaço acústico que desde Berlioz vinha sendo negligenciado. A execução de instrumentos fora de cena já aparecera em obras como a Segunda Sinfonia de Mahler, e Bartók extraiu os efeitos antifônicos possíveis de dois grupos de cordas na *Música para Cordas, Percussão e Celesta.* mas estes exemplos não passavam de adaptações da disposição normal dos músicos no palco. As orquestras de *Gruppen,* em contraste, devem ser dispostas em torno do público, que em lugar de observar é assim envolvido na experiência musical (cabe aqui lembrar os planos que Schoenberg não chegou a concretizar para a conclusão de *Die Jakobsleiter*). Ao mesmo tempo, Stockhausen experimentava novas concepções espaciais no campo eletrônico com *Gesang der Jünglinge* (O canto dos jovens), para vários grupos de alto-falantes, e logo seria imitado na música gravada como na orquestral. Boulez combinou as duas em sua *Poésie pour Pouvoir* (1958) para sons eletrônicos e orquestra disposta em espiral.

O próprio Stockhausen passou das três orquestras de *Gruppen* para as quatro de *Carré* (Quadrado, 1959-60), mas com uma diferença: a grande aspiração dos compositores seriais nas décadas de 50 e 60 era a novidade e a aventura, e para Stockhausen em particular teria sido impensável repetir-se. Em lugar dos intrincados encadeamentos de ritmos e andamentos seriais de *Gruppen,* seu dinamismo e suas densas texturas, *Carré* apresenta uma serena paisagem de acordes sutis, flutuando entre as orquestras e lentamente se transformando, interrompidos apenas em passagens nas quais os sons parecem sorvidos no turbilhão das orquestras. Expande-se aqui uma nova escala de tempo, sugerida a Stockhausen por suas longas viagens de avião através dos Estados Unidos. Às constelações de "pontos" e variados "grupos" sucedem-se "momentos" ou passagens musicais relativamente estáveis, que podem durar vários segundos e mesmo minutos. "Pode-se tranquilamente deixar de ouvir por um momento", escreveu ele sobre *Carré,* "se se quiser ou for necessário, pois cada momento vale por si mesmo, ao mesmo tempo em que está ligado aos demais."

A exploração dessa "forma momentânea" prosseguiu em *Momente,* iniciada em 1963, com orquestração para soprano, coro, dois órgãos eletrônicos, metais e percussão. É esta a mais impressionante e eloquente expressão da mudança ocorrida na música de Stockhausen desde as obras da primeira metade da década de 50, de *Kreuzspiel* a *Gruppen.* Nestas, ele desenvolvera e expandira o princípio serial, descobrindo que podia trabalhar com escalas de duração, andamento, instrumentação e até mesmo, em *Gesang,* uma escala entre sons vocais e eletronicamente sintetizados. Pois agora surgia a ideia de uma suave mediação entre os extremos, em lugar dos saltos quantitativos do serialismo. Embora ricamente variada nos detalhes, *Momente* descreve uma curva em contínua modulação, dispostos os "momentos" de modo a efe-

Stravinsky na velhice, quando compôs suas obras-primas seriais.

tuar transições de intensidade entre os elementos básicos de melodia, ritmo e timbre. Mas Stockhausen insiste na individualidade dos "momentos". "Não se trata de uma obra que gravita em torno de si mesma", escreve ele, "com início, estrutura formal e conclusão inequivocamente fixados, mas de uma composição polivalente, com ocorrências independentes. A unidade e a continuidade resultam menos das semelhanças evidentes do que de uma concentração imanente no presente, tão ininterrupta quanto possível." O público deve ser arrastado pela maré da invenção musical: "Ouçam os momentos!", conclama o soprano, "Música de amor!"

A trilha pela qual Stockhausen se afastou dos limites da convenção serial foi seguida, e mesmo abertamente imitada, por muitos. A cada verão ele ensinava em Darmstadt, e todo ano via surgir uma nova safra de obras de compositores desejosos de não ficar para trás. Apesar das advertências de Boulez, a inovação musical tornara-se efetivamente uma questão de moda, com efeitos sobre os jovens mas também entre compositores consagrados, e até mesmo Stravinsky.

A "conversão" de Stravinsky ao serialismo, que se manifestou gradualmente em meados dos anos 50, chocou seus admiradores como uma *volte face*, já que entre as guerras ele fora considerado uma espécie de papa rival do serialista Schoenberg. Mas havia indícios anteriores neste sentido. Na Missa (1944-48) e na Cantata (1951-52), obras que enquadram cronologicamente *The Rake's Progress*, apoteose do neoclassicismo, ele remontara aos séculos XIV e XV, tornando-se sua música menos voltada para a harmonia diatônica, e mais para os artifícios contrapontísticos. A partir daí, era possível absorver as práticas seriais, embora Stravinsky também fosse certamente estimulado pela música de seus jovens colegas europeus, e pela veneração que lhes inspirava Webern. A orquestração aberta e a extrema complexidade rítmica de seus *Mouvements* para piano e orquestra (1958-59), por exemplo, indicam que conhecia *Kontra-Punkte*, embora ele fosse capaz de assimilar tais influências, como assimilara todas as influências, sem que sua música se tornasse menos característica. O que Stravinsky afinal encontrava no novo serialismo era um estilo ao qual podia reagir sem ironia, e que lhe permitiria compor as obras-primas sacras e os epitáfios de seus últimos anos.

Enquanto Stravinsky avançava para seu estilo serial tardio, Boulez se libertava do rigor serial integral das *Structures Ia*. "Percebemos claramente", ele escreveria, "que precisávamos ir além de uma codificação da linguagem, envolvendo-nos novamente com os problemas estéticos. (...) Uma vez constituída a linguagem, cada um de nós redescobriu suas preocupações pessoais, que o conduziram nesta ou naquela direção." No caso de Boulez, verificou-se um retorno à imaginosa fantasia de suas obras anteriores, já agora controlada pelas elaboradas concepções seriais que ele mesmo desenvolvera. Ao contrário de Stockhausen, para quem o desafio técnico de novas ideias estruturais parece ter atuado como decisiva força motivadora em todas as obras até *Momente*, Boulez partia agora de questões estéticas.

Voltou-se então, como fizera no final dos anos 40, para a poesia de René Char, escolhendo três breves poemas para *Le Marteau sans Maître* (1952-54). Os traços exóticos desta obra, com suas sonoridades balinesas e africanas, contribuíram para a libertação do hermetismo de *Structures Ia*, mas ainda mais notável foi a flexibilidade com que Boulez passou a tratar o método serial. Reintroduziam-se a delineação formal e os contornos melódicos, embora *Le Marteau* seja ainda desconcertante em suas mudanças bruscas, impulsionadas por polaridades que a partir daí estariam por trás de boa parte de sua música. Ao som opõe-se a palavra, ao ritmo regular, o ritmo livre, ao som "ativo" a reverberação, ao som o silêncio, aos instrumentos de som prolongado (no caso, voz, flauta alto e viola) os percussivos (violão, vibrafone, xilorimba, percussão), aos solos o conjunto, ao cálculo a escolha.

Outra obra para orquestração semelhante, *Séquence* (1950-55), de Jean Barraqué, indica uma saída diferente para o impasse do serialismo integral.

Jean Barraqué, que morreu aos quarenta e quatro anos, deixando inacabado seu imenso ciclo *La Mort de Virgile*.

Barraqué mantém uma continuidade quase dramática, muito diferente da movimentação nervosa e entrecortada de *Le Marteau*, e sua expansividade melódica contrasta acentuadamente com o fraseado penetrante e não raro fracionado que dá à obra de Boulez toda a sua força. Barraqué foi na realidade o romântico do movimento serial do pós-guerra, o que não significa negar que fosse também um compositor exigente, profundamente consciente dos problemas da criação artística. Depois de concluir *Séquence* e sua majestosa mas torturada Sonata para Piano, ele empreendeu a composição de uma ampla série de paráfrases de *A morte de Virgílio*, o romance de Hermann Broch que é por sua vez uma longa meditação poética e filosófica em torno das fontes da criatividade, debruçada especialmente sobre o impulso do artista para destruir sua obra, por saber que qualquer esforço criativo só pode atingir parcialmente seus ideais, que será mal interpretado e nunca perfeitamente compreendido. Na visão de Barraqué, posta em prática em *La Mort de Virgile*, a consequência natural do serialismo era uma longa obra inacabada – e talvez impossível de concluir.

11. Eletrônica

O serialismo não foi a única força propulsora da música pelo final dos anos 40 e início dos anos 50: o advento do gravador de fita finalmente tornara possível a música eletrônica. Os instrumentos musicais elétricos como as ondas martenot e o trautonium haviam permitido apenas a produção de alguns novos timbres, embora Messiaen tivesse demonstrado em *Turangalîla* como podiam ser singularmente eficazes os sons algo sobrenaturais das ondas. Também a manipulação sonora através de discos redundara num impasse, pois as possibilidades eram limitadas, e as técnicas, excessivamente complicadas. As fitas, em compensação, davam ao compositor versatilidade e flexibilidade na gravação e estocagem dos sons, permitindo-lhe manipular sua altura e ritmo pela alteração da velocidade de gravação, sobrepô-los uns aos outros e reorganizá-los na ordem desejada. Foram estas poucas técnicas que tornaram possível o verdadeiro nascimento da música eletrônica.

Varèse, que nas três últimas décadas vinha lutando pela fabricação de meios eletrônicos, recebeu um gravador de fita no final da década de 40, e imediatamente começou a recolher material para o novo "som organizado" com que sonhava. Suas experiências com gravações em discos já haviam deixado entrever todo um universo sonoro a ser descoberto; à falta de recursos materiais criativos, ele empreendera a exploração desse universo em obras instrumentais, imitando nas *Intégrales* para orquestra (1924-25) o efeito da reprodução em sentido inverso de uma gravação em disco. Agora, em seu primeiro ensaio eletrônico - *Déserts* (1949-54) -, decidiu utilizar ao mesmo tempo sons gravados e instrumentais, alternando fita e orquestra de tal maneira que o insólito deriva do familiar e a ele retorna. Mas a novidade não estava apenas na música de fita. Varèse muito pouco compusera desde meados dos anos 30, e ao retomar a escrita orquestral trouxe um inédito refinamento à combinação de timbres em um conjunto de sopros e percussão. Além disso, o caráter desolado da peça contrasta surpreendentemente com os contornos vigorosos de sua música anterior. Depois dos "novos mundos" de *Amériques*, vinham "desertos físicos, os da terra, do mar e do céu, de areia e neve, dos espaços interestelares ou das grandes cidades, mas também os do espírito, daquele distante espaço interior que nenhum telescópio pode atingir, e onde o homem está só".

É possível que Varèse se tenha decepcionado com os recursos oferecidos pelos equipamentos primitivos à sua disposição, ou mesmo que tenha encontrado dificuldade para se adaptar ao novo modo de composição, agora que já passava dos 70 anos de idade. Nos últimos anos de vida, ele retornaria aos meios convencionais, não sem antes criar uma das poucas grandes obras de música em fita, seu *Poème Électronique.* A peça foi encomendada para o pavilhão Philips da Exposição de Bruxelas de 1958, onde foi difundida por um grande número de alto-falantes dispostos no interior de um prédio concebido por Le Corbusier. A construção foi demolida após a exposição, e o *Poème Électronique* só pode agora ser ouvido em versão stereo. Ainda assim, impõe-se por sua estarrecedora ambição. Às sonoridades imediatamente reconhecíveis de uma voz de soprano acompanhada de coro, de sinos e de um órgão, juntam-se outras que são totalmente novas, produzindo a impressão global de uma imaginação em desenfreada atividade.

Se Varèse decepcionou-se talvez com os meios eletrônicos, a reação entre seus colegas mais jovens beirava a euforia. O compositor podia agora trabalhar diretamente seu material, como um pintor ou escultor; compunha os próprios sons de sua peça, ouvindo o resultado imediatamente, o que anteriormente só havia sido possível com o piano preparado. Tornou-se assim muito mais imediato o envolvimento com o material musical, o que parecia particularmente oportuno numa época em que o desenvolvimento do serialismo era considerado uma espécie de viagem objetiva de descoberta científica. Deste ponto de vista, a supressão dos executantes seria encarada como mais uma vantagem.

Proliferaram rapidamente os estúdios de música eletrônica, sobretudo em estações de rádio, onde já havia disponibilidade de equipamentos. Entre as primeiras a firmar autoridade no campo estiveram a Radiodiffusion Française em Paris e a Nordwestdeutscher Rundfunk em Colônia, cujos estúdios logo se tornariam centros de facções opostas de compositores eletrônicos. Em Paris impôs-se a *musique concrète,* composta de sons naturais modificados e reorganizados, em geral derivados dos metais e da água. O diretor do estúdio da Radiodiffusion, Pierre Schaeffer (1910), compôs uma série de obras de *musique concrète,* várias delas em colaboração com Pierre Henry (1927), que o sucederia no cargo. O primeiro trabalho importante dos dois, criado

Pierre Schaeffer, compositor e teórico da música eletrônica que montou um estúdio de *musique concrète* em Paris pouco depois da Segunda Guerra Mundial.

com técnicas de disco, foi a *Symphonie pour un Homme Seul* (1949-50), uma das primeiras obras eletrônicas a serem apresentadas em execução pública. O desenvolvimento da *musique concrète* foi assim exatamente contemporâneo ao do serialismo parisiense, mas poucos contatos houve entre os dois grupos. Boulez e Barraqué chegaram a trabalhar com Schaeffer, mas por pouco tempo, e apenas para a produção de breves estudos. Ambos saíram insatisfeitos da experiência: Boulez só retornaria à composição eletrônica esporadicamente, Barraqué, nunca.

Em Colônia a situação era muito diferente. Stockhausen dedicava tanto tempo ao estúdio quanto à composição instrumental, não se preocupando em transformar sons naturais, mas em criar música eletrônica "pura" exclusivamente com os novos recursos. O objetivo do grupo de Colônia era sintetizar todo e qualquer som a partir de frequências puras, e foi o que Stockhausen tentou em *Studie I* (1953). Mas a experiência fracassou. As sonoridades puras não se cristalizavam, como ele esperava, e a ideia teve de ser abandonada até o advento de métodos e equipamentos mais sofisticados. Em certo sentido, no entanto, o projeto foi um sucesso, pois *Studie I,* como as outras peças eletrônicas iniciais de Stockhausen, parece o mais próximo possível da perfeição, considerando-se os aparelhos incipientes e as técnicas primitivas então disponíveis.

A mediação entre Paris e Colônia estabeleceu-se em *Gesang der Jünglinge* (1955-56), em que Stockhausen utilizou tanto sons naturais (a gravação da voz de um menino) quanto materiais gerados eletronicamente. O objetivo aqui pode ter sido técnico, fundindo extremos opostos como era seu hábito, mas a obra impôs-se também como poderosa evocação de imagens, representação dos três adolescentes na fornalha causticante do Livro de Daniel, louvando a Deus com as palavras do Salmo 150.

Stockhausen retornou em seguida à composição eletrônica "pura", mas desta vez com pulsações regulares de sons no lugar de simples frequências sonoras. O trabalho em estúdio o levara a valorizar o que chamou de "unidade" da música eletrônica. Uma nota de determinada altura, ao ser abaixada para menos de 16 Hz aproximadamente (16 ciclos de vibração por segundo), deixava de ser ouvida como som para sê-lo como batida rítmica regular, com ritmos subsidiários fornecidos pelos componentes de frequência que lhe haviam estabelecido o timbre. Ainda mais abaixada, uma nota única podia transformar-se em verdadeira forma musical. Desse modo, os quatro elementos constituintes da música – altura, timbre, ritmo e forma – podiam ser encarados como aspectos do mesmo fenômeno, o da vibração. Acelerada dez mil vezes, uma sinfonia de Beethoven se transformaria teoricamente em um único som, embora em registro praticamente inaudível, de tão alto; e inversamente um único som poderia ser prolongado até a duração de uma sinfonia. Verificou-se também que as pulsações regulares continham todo o necessário para a composição de novos timbres, novos ritmos e sons; e foi o que Stockhausen pôs em prática em *Kontakte* (Contatos, 1959-60).

A música eletrônica sofreu frequentemente, na década de 60, a crítica de que seus sons eram mortos, e com efeito o eram sob certos aspectos. Os aparelhos não eram capazes de produzir as rápidas variações que ocorrem num ataque instrumental, nem de imitar as sutis inflexões que a todo momento se verificam no timbre; além disso, os ritmos e andamentos da música eletrônica eram definitivamente predeterminados. Alguns desses problemas não se manifestavam no caso de sons naturais gravados, e chegavam mesmo a desaparecer completamente em obras de força inventiva como as de Varèse e Stockhausen. Mas eram levados a sério pelos compositores, e a combinação da música eletrônica a elementos vivos foi se tornando cada vez mais comum.

Foi o que Stockhausen tentou numa segunda versão de *Kontakte,* na qual um pianista e um percussionista tocam fita gravada. "Estes sons familiares",

Stockhausen no estúdio de música eletrônica da Rádio do Oeste Alemão em 1956, ano em que concluiu *Gesang der Jünglinge*.

escreveu, "dão orientação e perspectiva à experiência auditiva, funcionando como sinais de trânsito no espaço ilimitado do recém-descoberto mundo dos sons eletrônicos. E estes às vezes quase se confundem com os sons conhecidos." *Kontakte* retoma e leva adiante as mediações de *Gesang*, estabelecendo "contatos" entre os sons produzidos pelos executantes e o fluxo da música gravada em fita, sem com isso prejudicar o prodigioso efeito dos novos sons. A descoberta de novas sonoridades – ou a "composição tímbrica", como a denominava – é importante em toda a música de Stockhausen, seja eletrônica, viva ou mista, e por esta razão ele geralmente recorre a materiais totalmente diferentes para cada obra (sua orquestra, por exemplo, nunca é igual).

Para Babbitt, em contraste, o valor da música eletrônica não estava nos novos sons, mas no superior controle rítmico que tornava possível. Nos *Ensembles for*

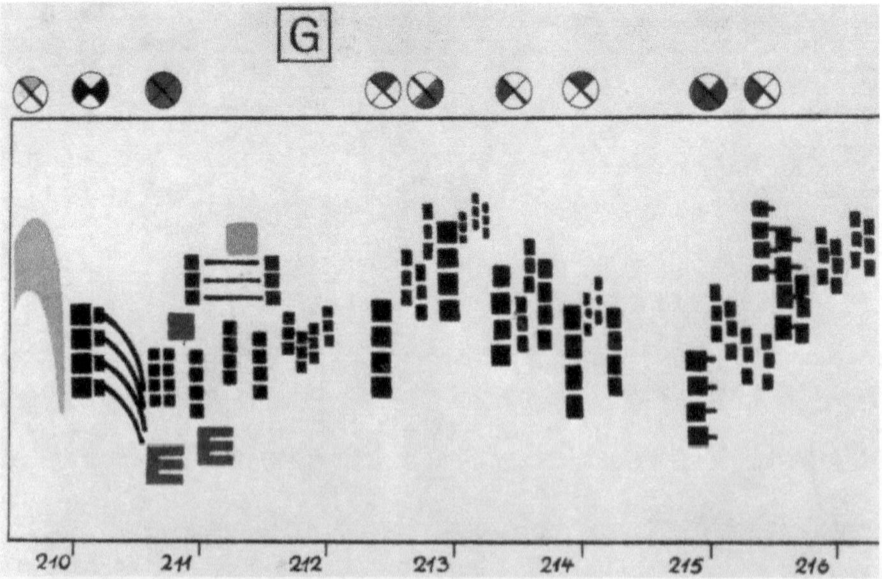

Extrato da "partitura auditiva" de *Artikulation* (1958), obra eletrônica de György Ligeti. As formas e símbolos, em várias cores, representam o que é ouvido.

Synthesizer (1962-64), ele se valeu dessa possibilidade para impulsionar a construção do serialismo rítmico. Selecionou os timbres com primoroso cuidado, evitando recorrer ao estranho e ao grandioso, como Stockhausen, e limitando-se às alturas da escala temperada convencional, de tal modo que a peça parece produzida por um órgão eletrônico excepcionalmente versátil e preciso. Em *Philomel* (1963-64), no entanto, ele exploraria a dramaticidade dos sons eletrônicos. Cena para soprano com gravação de soprano e sons sintetizados, a obra se demora no momento da transformação da heroína mítica em rouxinol, rivalizando, no estilo mais controlado de Babbitt, com a poesia eletrônica do *Gesang* de Stockhausen.

O sintetizador usado por Babbitt em *Ensembles* e *Philomel* era um instrumento único fabricado para a RCA e doado ao Centro de Música Eletrônica Columbia-Princeton de Nova York, nada tendo a ver com os aparelhos do tipo associado ao nome de Robert Moog. A chegada do sintetizador Moog e outros instrumentos semelhantes ao mercado, em 1964, representou uma revolução nas técnicas da música eletrônica. Os compositores não precisavam mais passar longas horas no estúdio, preparando e editando seu material (foram necessários dezoito meses para que Stockhausen produzisse os treze minutos de música de *Gesang*). Os novos sintetizadores ofereciam uma enorme variedade de sons, prontos para serem manipulados: bastava

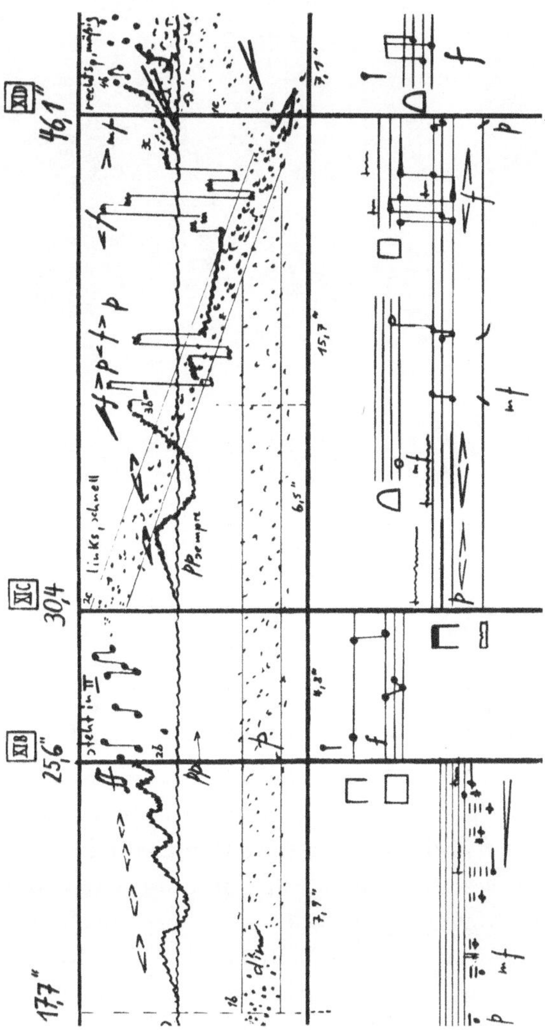

Trecho da partitura manuscrita de *Kontakte*, de Stockhausen, para piano, percussão, e fita gravada.

Robert Moog com três de seus sintetizadores, todos dotados de teclados e outros meios de especificação e modificação dos sons.

regular os controles e tocar o instrumento, num teclado ou algum outro dispositivo.

A esta altura, no entanto, já se esvaíra em grande parte o entusiasmo pela aventura da música eletrônica gravada. O interesse maior voltava-se agora para a execução ao vivo de equipamentos musicais eletrônicos, na que viria a ser chamada "live electronic music". O pioneiro neste campo fora Cage, com sua *Imaginary Landscape n. 1* de 1939, mas desde então pouco havia sido feito. Já agora, em meados da década de 60, multiplicavam-se os conjuntos de música eletrônica ao vivo, entre eles a Sonic Arts Union nos Estados Unidos, o conjunto de Stockhausen e a Musica Elettronica Viva de Roma. Estes grupos passaram a usar simultaneamente instrumentos convencionais e eletrônicos (às vezes também sintetizadores), além de meios eletrônicos de amplificação e modificação dos sons.

A primeira peça de música eletrônica viva composta por Stockhausen foi *Mikrophonie I* (1964-65), na qual um grande tantã (uma espécie de gongo) é percutido por dois executantes com vários objetos, enquanto dois outros recolhem as vibrações com microfones e mais dois controlam a transformação eletrônica dos sons. E talvez mais nesta obra que em qualquer outra que se evidencia como o trabalho de Stockhausen com a eletrônica o levara a se preocupar com novas sonoridades, pois uma de suas características é a maneira como extrai sons estranhos e refinados de um instrumento aparentemente limitado. Ao mesmo tempo, Stockhausen aplicava a eletrônica a meios de mais evidente versatilidade em *Mixtur*, espécie de improvisação com as possibilidades dos sons orquestrais modulados. Após estas experiências, ele se mostraria confiante no futuro da música eletrônica viva: "Parece-me agora inteiramente aberto", escreveu, "o caminho para um maior desenvolvimento da música instrumental, pois suas qualidades insubstituíveis – e acima de tudo sua constante versatilidade, seu caráter 'vivo' – já podem ser combinadas às conquistas da música eletrônica para constituir uma nova unidade."

Esta "nova unidade" foi buscada em *Prozession*, escrita em 1967 para o que já era agora seu grupo permanente de execução eletrônica ao vivo. Os executantes são aqui instruídos a tocar excertos de suas obras anteriores, variando-os segundo indicações sumárias na partitura: um sinal de mais, por exemplo, podia significar "mais agudo, mais forte, mais longo ou mais componentes". Os músicos devem ainda reagir reciprocamente, cada um apresentando às vezes uma variação sobre o que ouviu de outro. Assim é que Stockhausen não compõe tanto o material em si quanto as maneiras como

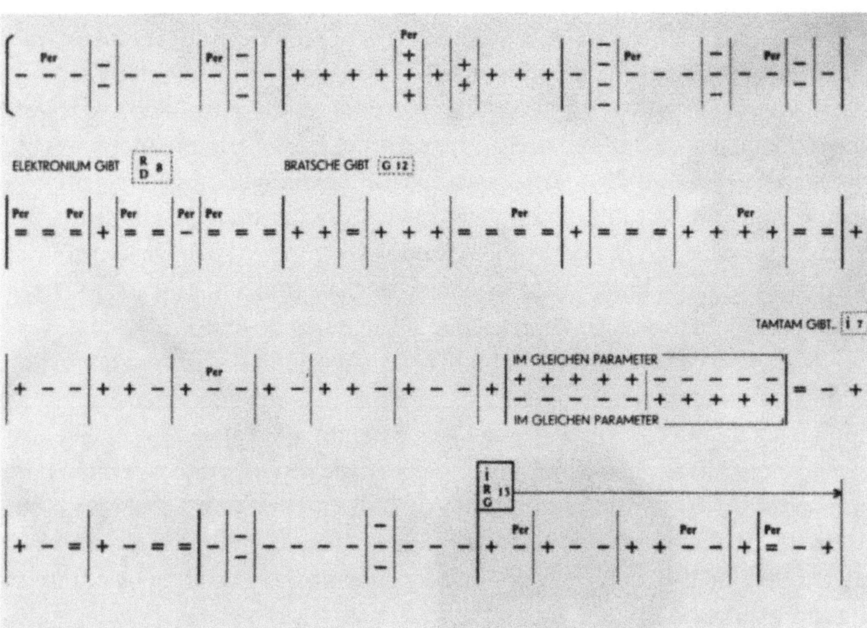

Trecho da parte de piano de *Prozession*, de Stockhausen, com a notação mais-menos. "Per" indica que o ritmo deve ser periódico.

deve ser modificado, ideia de composição "processual" que desenvolveria em *Kurzwellen* (Ondas curtas, 1968), em que o material inicial é fornecido por ondas curtas de rádio.

O uso de aparelhos de rádio como instrumentos fora inaugurado em *Imaginary Landscape n. 4*, de Cage, para doze receptores (1951): parecia fatal que o caráter arbitrário do material de radiodifusão apaixonasse o autor de *Music of Changes* e *4' 33"*. Stockhausen, no entanto, só utilizaria os sons radiofônicos como ponto de partida. Ele estava mais interessado em criar situações de estreita interação entre seus músicos e abrir-se, como fizera em *Telemusik*, para uma "música do mundo inteiro", e talvez mesmo além. "Que pode haver de mais universal", perguntou, "mais abrangente, transcendental e oportuno do que as transmissões radiofônicas que em *Kurzwellen* se transformam em material musical? (...) O que se ouve consiste apenas do que o mundo está transmitindo *agora;* emana do espírito humano, é moldado e continuamente transformado pelas interferências recíprocas a que estão sujeitas todas as transmissões; e finalmente se resolve em uma unidade mais elevada, na execução de nossos músicos. (...) Chegamos ao limiar de um mundo que nos oferece os limites do acessível, do imprevisível; deve ser possível, para algo que não é deste mundo, encontrar nele o seu caminho, que até hoje não pôde ser encontrado por qualquer estação de rádio neste planeta. Pois então que saiamos em sua busca!"

Por esta época a eletrônica já se tornara tão importante na música "erudita" que parecia natural alguma forma de acomodação com o popular, e que a iniciativa partisse de ambos os lados. Instrumentos desenvolvidos no terreno popular começaram a ser empregados na música "séria" (alguns anos antes Stockhausen incluíra uma guitarra elétrica na orquestração de *Gruppen*), e certos grupos pop começaram a se interessar pela "vanguarda". Tornou-se possível inclusive a realização de concertos conjuntos de grupos eletrônicos e de música pop, e isto sem qualquer incongruência, pois já agora a distinção era apenas uma questão de formação, origem, público e marca de disco.

In C, peça composta em 1964 por Terry Riley (1935), é um exemplo desse tipo de trabalho na fronteira entre os gêneros. Riley fornece apenas um certo número de fragmentos modais, que os executantes interpretam livremente dentro de um ritmo regular, gerando repetições obsessivas e motivos espontâneos – recursos que seriam imitados tanto na música popular quanto na erudita. Além disso, o público da música de Riley, e cada vez mais o de Stockhausen, era constituído de jovens mais interessados na música pop do que na tradição artística ocidental.

Uma técnica que em geral não está ao alcance dos músicos populares é a utilização de computadores. Também ela se desenvolveu nos anos 60, espe-

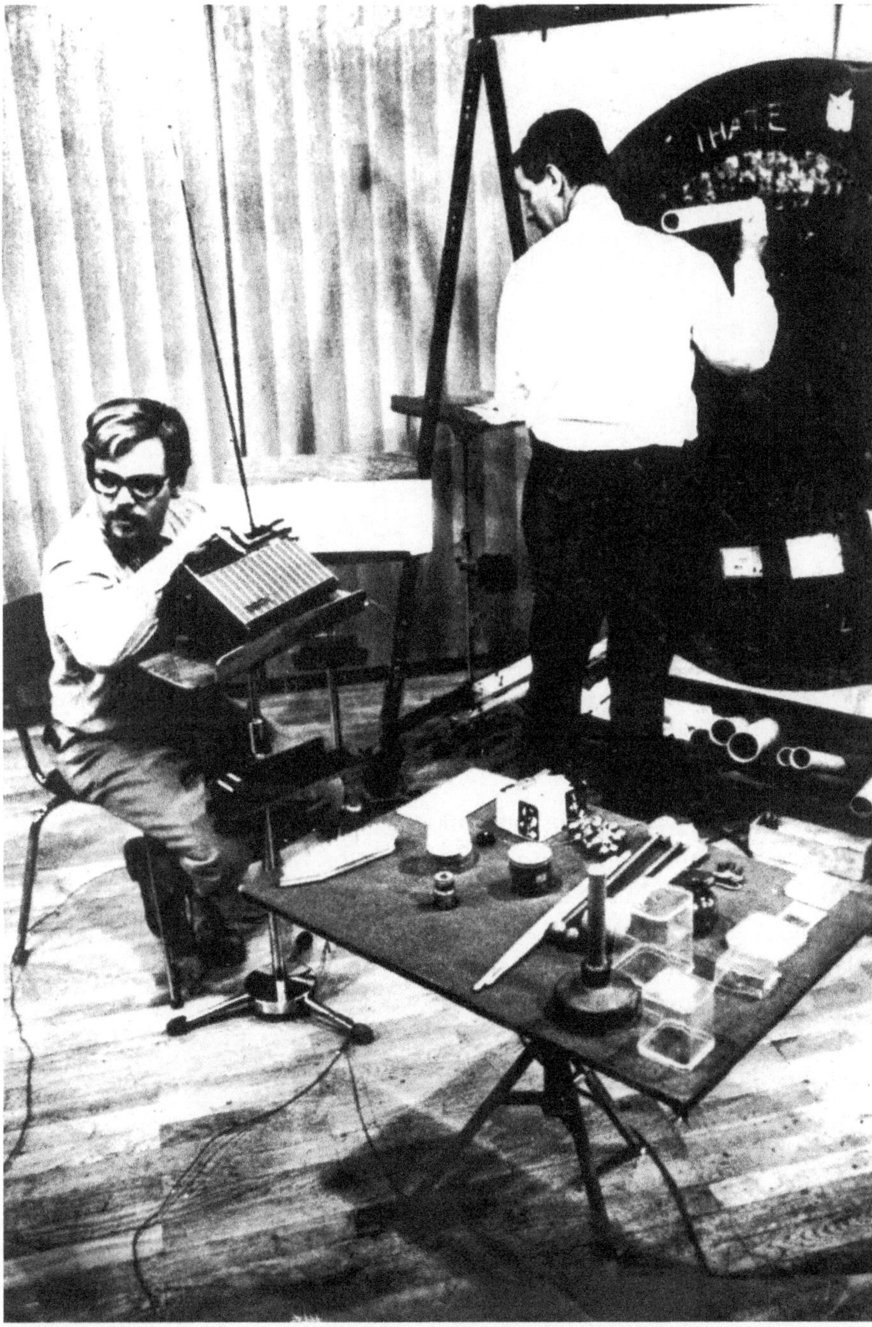

Dois músicos do conjunto de Stockhausen durante execução de *Kurzwellen*, para instrumentistas e rádios de ondas curtas.

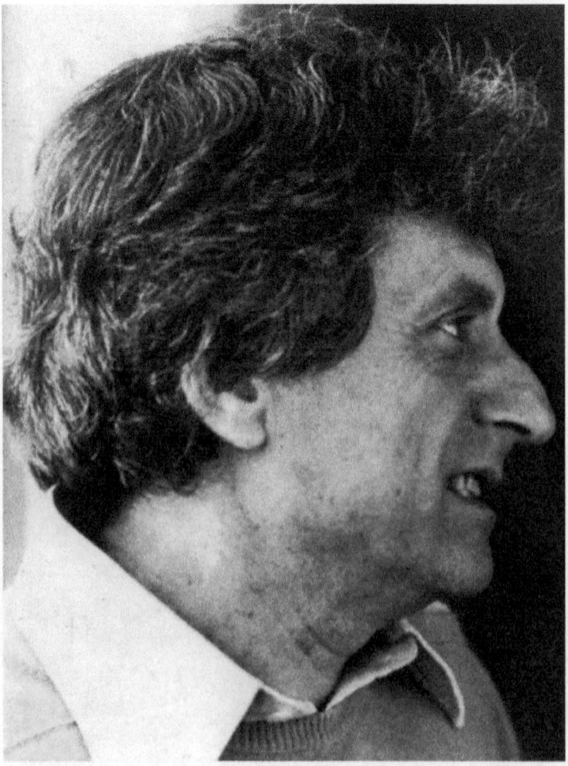

Iannis Xenakis, pioneiro na utilização de computadores na composição musical.

cialmente nos Estados Unidos, onde muitos compositores, ensinando em universidades, tinham fácil acesso aos equipamentos. Mas os primeiros trabalhos de sintetização sonora em computador foram realizados nos Bell Telephone Laboratories por Max Matthews. Seu programa Music IV tem sido adaptado e desenvolvido por vários compositores de modo a gerar e variar sons com o auxílio de um computador, que pode ser solicitado, por exemplo, a calcular as mudanças necessárias para dar a impressão de um som atravessando o espaço entre dois alto-falantes. A produção de sons por esses meios pode ser completa se o computador é programado para operar um sintetizador.

Mas os computadores podem ser empregados na música com outras finalidades, à parte a sintetização de sons. É possível alimentá-los com normas de composição e assim orientá-los para a criação de "composições", prática inaugurada por Lejaren Hiller (1924) com sua (ou do computador) *Illiac Suite* para quarteto de cordas (1957). Iannis Xenakis (1922) também tem utilizado computadores como auxiliares de cálculo na composição de sua música "estocástica", na qual a forma musical se torna análoga a um processo estocástico, ou seja, governado pelas leis da probabilidade, como numa sequência de lances de dado. Ele programa o computador com leis matemáticas e outros dados, para determinar os limites do processo, e em seguida converte o resultado em partitura para instrumentos convencionais - como em *Eonta*, para piano e quinteto de metais (1963-64) - ou em uma obra eletrônica. O computador é usado aqui apenas para facilitar o cálculo, sem que possa tomar a iniciativa de criar, ao passo que nas experiências de Hiller tem sido solicitado a tomar decisões de composição, ao acaso, como na *Illiac Suite*, ou sob controle, em peças posteriores.

De todas essas maneiras, o uso de computadores, gravadores de fita, sintetizadores e outros aparelhos eletrônicos tem sido de grande e cada vez maior importância na música desde 1950. Mas há ainda uma invenção mais antiga cujos efeitos não têm sido menos radicais: o gramofone. Como observara Babbitt, uma gravação de uma sinfonia de Tchaikovsky é uma obra de música

O auditório construído para a execução da música de Stockhausen na Expo'70, Osaka. O compositor está sentado à mesa de controle.

eletrônica, e se aceitamos esta definição ampliada, a música eletrônica passa a ser de longe o tipo de música mais popular nos países tecnologicamente avançados. Naturalmente, a mudança nos hábitos de audição influenciou os compositores. É possível que o colapso das regras formais – iniciado com Debussy, no exato momento em que o gramofone começava a ser desenvolvido – tenha sido causado em parte pelos discos: tornara-se fácil ouvir novamente uma obra, e já não era portanto tão necessário estabelecer balizamentos estruturais convencionais para facilitar a familiarização. Além disso, muitos compositores aproveitaram para apresentar suas obras em versões definitivas. É talvez improvável que Elgar ou Richard Strauss tenham encarado as gravações de suas obras sob este aspecto, mas Stockhausen certamente vê nas que supervisionou complementos essenciais das partituras publicadas.

Ouvir discos numa vitrola é uma experiência individual, mas a amplificação também pode ser pública. Os primeiros concertos de música eletrônica frequentemente redundavam em fracasso porque a total ausência de estímulos visuais entediava a plateia, mas este problema deixa de existir com a música eletrônica viva, e também pode ser superado com o emprego de técnicas de canais múltiplos para dar a impressão quase visual de sons movendo-se no espaço. Autor de numerosas obras de eletrônica ao vivo e multiplicidade de canais de reprodução, Stockhausen tem insistido na necessidade de construir salas de concerto para a música eletrônica. É possível que o auditório esférico construído para ele na Exposição de Osaka, em 1970, tenha sido apenas a primeira de uma nova geração de salas de concerto adaptáveis não só à sua música eletrônica como à de Tchaikovsky.

12. Música aleatória

A música eletrônica e o serialismo integral do final dos anos 40 e início da década seguinte haviam surgido como uma espécie de chamada à ordem no pós-guerra, chegando ao apogeu em 1951, ano em que Boulez publicou *Structures* e Stockhausen, *Kreuzspiel.* Mas foi também em 1951 que o acaso tornou-se uma poderosa força propulsora do trabalho de Cage, em *Music of Changes* e *Imaginary Landscape n. 4*, abrindo novos caminhos para os compositores europeus que também a aceitaram.

Isto se deu em parte por influência direta de Cage, que se apresentou em concertos pela Europa em 1954 e 1958, mas foi basicamente um movimento independente. Como constatou Boulez, o acaso não chegara a ser abolido na ramificada organização do serialismo integral, muito pelo contrário. A partir do momento em que uma parte tão importante da composição dependia da manipulação numérica, o compositor perdia o controle dos detalhes de sua criação. O problema era encontrar o meio-termo entre uma organização serial tão completamente predeterminada que a escolha do compositor se visse alienada, de um lado, e, de outro, a livre imaginação, que facilmente poderia levar à incoerência. Foi o que Boulez logrou em *Le Marteau sans Maître,* mas para ele esta só poderia ser uma solução provisória, até o delineamento de um novo programa estético.

Os compositores de música eletrônica também haviam percebido que seu controle jamais seria tão completo quanto desejavam: a experiência de Stockhausen na composição de *Studie I* o havia demonstrado suficientemente. Os sons mais completos nunca poderiam ser definidos com precisão em seus elementos constituintes, permanecendo sempre zonas de incerteza nas quais só seria possível fixar as características do som em termos de probabilidades. De modo que tanto o serialismo integral quanto a composição eletrônica, que haviam despertado tantas esperanças, revelavam-se ambos permeáveis à influência do acaso. Impunha-se alguma forma de adaptação à desordem, quem sabe tentando fazer do acaso uma escolha.

Cage não sentia esta necessidade de impor ordem no caos, e já em *4' 33"* (1952) havia quase completamente aberto sua música à incidência do acaso. Por esta época, ele havia atraído em Nova York um grupo de colegas com preocupações afins, entre eles o pianista David Tudor e os compositores Morton Feldman (1926), Earle Brown (1926) e Christian Wolff (1934). O grupo ligou-se também aos artistas plásticos estabelecidos na cidade, como Jackson Pollock e Alexander Calder, nos quais Feldman admirava "a total independência em relação às outras artes, a absoluta segurança interior no trato do que lhes era desconhecido". Com esta mesma segurança, e a "permissão" que dizia ter implícita nas obras de Cage, Feldman entregou-se à composição de peças despretenciosas, de sonoridades simples e delicadas. A introdução do acaso decorria, aqui, do manifesto desejo de "realizar algo muito modesto", segundo as palavras de Klee. Suas *Projections* (1950-51), e ainda outras obras, são escritas em papel quadriculado representando uma unidade de tempo a ser preenchida pelo silêncio ou por um som definido em termos bastante vagos: por exemplo, uma nota em pizzicato no registro médio do violoncelo, podendo o executante escolher livremente a altura dentro deste limite.

Brown, que também distinguiu na arte de Pollock e Calder "a função-criativa do 'não-controle'", introduziu a indeterminação ao nível da forma. O intérprete, ou intérpretes, de suas *Twenty-Five Pages* (1953) para piano (de um a vinte e cinco) pode(m) dispor as páginas do material musical na ordem que lhe(s) aprouver. Mais aberto ainda é *December 1952*, primeiro exemplo de

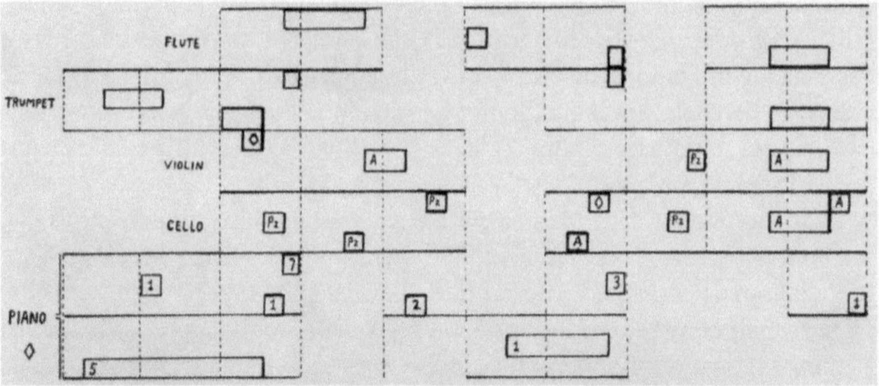

Início da partitura manuscrita de *Projection II* (1951), de Feldman, cuja notação não é específica. A parte de cordas, por exemplo, começa com um harmônico de violino no registro superior e um acorde pizzicato de duas notas no registro médio do violoncelo. (Copyright © 1962 by C.F. Peters Corporation, New York.)

partitura “gráfica”, constituída simplesmente de um traçado a ser interpretado por qualquer fonte sonora.

As primeiras obras aleatórias importantes de Wolff surgiram mais pelo fim da década, quando ele começou a empenhar-se em estimular a invenção, a comunicação e a interação entre os integrantes de um conjunto. A música “deve tornar possível”, escreveu, “a liberdade e a dignidade dos executantes. Ela deve ser permanentemente capaz de surpreender (inclusive os próprios executantes e o compositor).” Para gerar oportunidade de “surpresa”, Wolff limitava-se às vezes a indicações muito gerais, como instruções para que em determinados momentos os músicos reagissem uns aos outros, antecipando assim obras de Stockhausen como *Prozession* e *Kurzwellen*. A diferença essencial estava em que Wolff não exigia qualquer controle sobre o produto final.

Certas obras compostas por Cage e seus colegas nova-iorquinos no início dos anos 50 podem causar uma impressão de revolta iconoclasta ou humor *nonchalant*, mas não se tratava de repetição exagerada do que se vira na Paris de Satie e dos Seis. Satie foi efetivamente tomado como exemplo, mas o que nele mais admirava Cage era a desambição, e não a irreverência. Também Webern gozava de grande prestígio entre os compositores de Nova York, numa época em que os serialistas europeus o veneravam como “santo Anton”, para citar Stravinsky. Os norte-americanos, entretanto, interessavam-se menos pelo rigor de suas concepções seriais do que pela imprevisibilidade e as texturas flexíveis de suas obras atonais, a eloquência de seus silêncios e a atenção dedicada a cada ocorrência individual. A música de Feldman, especialmente, parece prolongar este Webern inicial, por sua serenidade.

Na Europa, a composição aleatória entrou em cena audaciosamente com duas obras ouvidas em Darmstadt em 1957: *Klavierstück XI* (Peça para piano XI), de Stockhausen, e a Terceira Sonata para piano de Boulez. Na primeira, o intérprete via-se diante de uma única página com dezenove fragmentos de música a serem executados em qualquer ordem. Depois de tocar um deles, o pianista deve percorrer a página em busca de outro, e executá-lo de acordo com indicações de andamento, intensidade e toque fornecidas ao fim do último. Cada fragmento pode ser tocado duas vezes, soando com toda probabilidade completamente diferente na segunda, e a peça acaba após a terceira execução de qualquer um deles.

A Terceira Sonata de Boulez, como se podia esperar, é mais moderada em sua abertura para o acaso. O pianista tem várias opções para se orientar pelo material proposto, que é integralmente anotado, exceto por uma certa flexibilidade de tempo. Também a sucessão dos cinco movimentos pode obedecer a diferentes ordens (somente dois e uma parte do terceiro foram publicados), e cada um deles confronta o intérprete com diferentes tipos de escolha. No

Início do movimento "Constellation-Miroir" da Terceira Sonata para Piano de Boulez, com setas indicando as diferentes possibilidades de orientação pelo material. Boulez vale-se de indicações precisas sobre uso dos pedais e teclas pressionadas silenciosamente (em caracteres pequenos), obtendo do piano uma grande riqueza de sonoridades.

Dois fragmentos de *Klavierstück XI*, de Stockhausen.

mais extenso, "Constellation-Miroir", há numerosas alternativas de associação de uma enorme variedade de fragmentos, como na peça de Stockhausen. Mas aqui as diferentes possibilidades são estipuladas, preservando-se em todas elas a alternância de "blocos" (acordes pesados) e "pontos" (notas e linhas isoladas), que dota a peça de uma progressão formal antagônica típica de Boulez. A natureza do movimento é indicada na partitura impressa com a ampla disposição das "constelações" sonoras, coloridos de vermelho os "blocos" e de verde os "pontos". O modelo aqui parece ter sido *Un coup de dès*, de Mallarmé, poema em que diferentes caracteres são usados nas palavras e frases lançadas em desordem através das páginas.

O papel de precursor da arte "aleatória" (do latim *alea*, dado de jogo) atribuído a Mallarmé tornou-se evidente em 1957, ano de estreia dessas composições pioneiras de Boulez e Stockhausen. Foram então publicados os esboços de Mallarmé para o *Livre* que deveria ter sido o livro sagrado do esteticismo, destinado a fornecer possibilidades infinitas aos recitantes. Boulez empreendeu um "retrato de Mallarmé" em *Pli selon Pli* para soprano e orquestra, que durante os cinco anos de sua composição foi-se constituindo em progressiva revelação da personalidade expressiva e das convicções estéticas do poeta. Também aqui são cinco os movimentos, baseado cada um num poema de Mallarmé mais ou menos "submerso" pela música, mas desta vez a escolha é limitada a decisões em pequena escala. O regente pode, por exemplo, agrupar determinadas passagens de diversas maneiras; o soprano tem a possibilidade de escolher entre diferentes linhas vocais; e a liberdade concedida em matéria de tempo, dinâmica e pausas dá à música uma espécie de elasticidade ondulante.

É evidente que a este nível a composição aleatória nada mais é que um prolongamento limitado de liberdades que sempre foram aceitas na música composta, pois nenhuma partitura, nem mesmo tão carregada de indicações quanto as *Structures* de Boulez, pode determinar com exatidão cada detalhe sonoro. E tampouco é totalmente nova a ideia de "forma móvel", pois frequentemente obras de vários movimentos eram submetidas a omissões ou reagrupamentos parciais. Até mesmo o manejo do acaso desenvolvido por Cage tinha precedente nas publicações do final do século XVIII que forneciam materiais musicais a serem transformados em "composições" segundo os resultados do jogo de dados. Mas a introdução do acaso em meados do século XX foi diferente em escala e importância. No caso extremo de Cage, levou à completa subversão do conceito ocidental de peça musical como obra de arte permanente, e mesmo à negação da necessidade de compor. "A música que prefiro", disse Cage, "à minha própria e à de qualquer outro, é a que ouvimos quando nos mantemos em absoluto silêncio."

Boulez jamais aceitaria semelhante atitude. Para ele o acaso é a única maneira de "fixar o infinito", possivelmente constituindo também o resultado lógico do método serial: formas permutáveis para uma técnica de permutação. As estruturas aleatórias podem com efeito ser consideradas particularmente apropriadas à música atonal em geral. Desde as primeiras obras atonais de Schoenberg, há meio século, a criação de formas musicais sem uma harmonia tonal vinha sendo um problema, pois o abandono da tonalidade acarretara a perda dos meios de criar formas direcionadas para um fim, já que estes dependiam dos fenômenos tonais de preparação, modulação e resolução. Schoenberg, Webern, Stockhausen e Boulez haviam experimentado diferentes maneiras de contornar o problema; pois agora a composição aleatória permitia ignorá-lo. Como escreveu Boulez a propósito de seu segundo caderno de *Structures* para dois pianos (1961): "Será que toda obra musical tem de ser encarada como uma construção formal com direcionamento firmemente estabelecido? Não poderíamos tentar vê-la como uma sucessão fantástica na qual as "histórias" não têm uma relação rígida, nem ordem fixa?"

Persistia de qualquer forma, pelo menos no caso do ouvinte menos sofisticado, a dificuldade de que toda obra aleatória efetivamente apresenta uma ordem fixa: não é possível transmitir a impressão de mobilidade formal em uma única execução, menos ainda em se tratando de reprodução gravada. Eis que cai por terra qualquer analogia com os *mobiles* de Calder, por exemplo, pois a música é

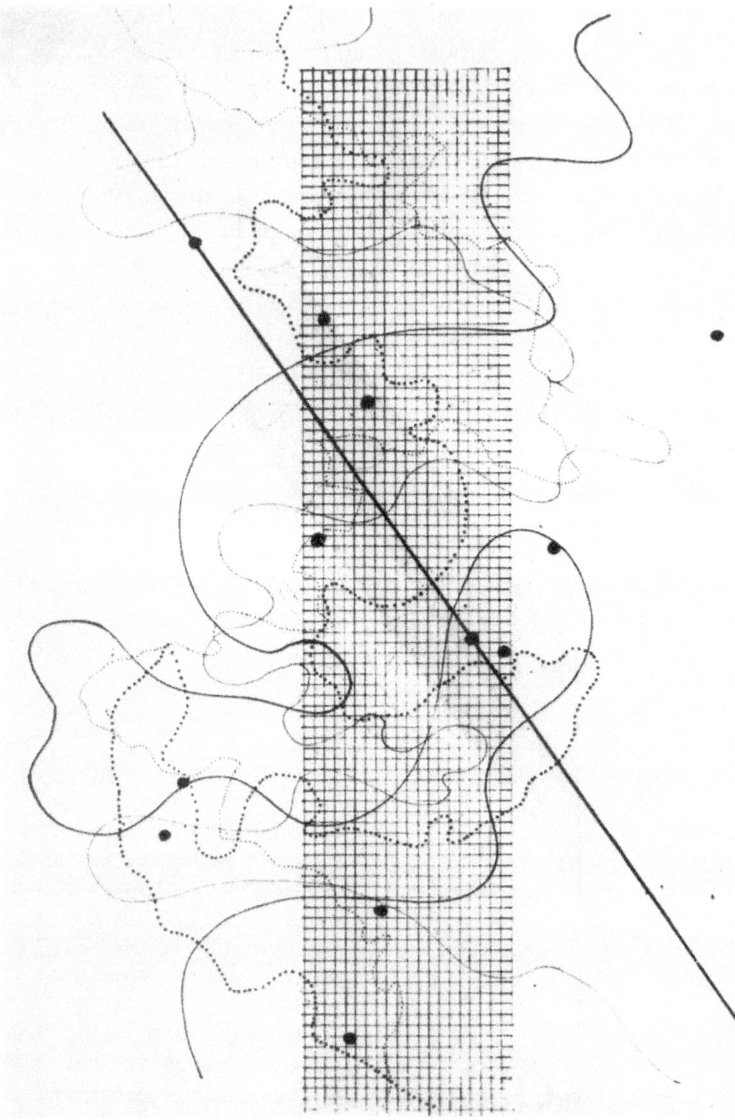

Partitura de *Fontana Mix* (1958), de Cage, com ampla margem de improvisação para o intérprete. (Copyright © 1960 by Henmar Press Inc.)

uma arte temporal. A flexibilidade e a espontaneidade de uma execução podem evidenciar um grau limitado de liberdade, mas não a mobilidade formal.

Compositores e intérpretes têm procurado várias maneiras de superar esta dificuldade, seja executando uma peça aleatória duas vezes no mesmo concerto, seja recorrendo a elementos teatrais que chamam a atenção para seu caráter fortuito, ou ainda sugerindo ao ouvinte de um disco alterações de volume e combinação dos canais de reprodução sonora. Além disso, a própria experiência de escuta pode tornar-se aleatória em música sujeita a "ilusões auditivas", como a de György Ligeti (1923). Em numerosas de suas obras, entre elas *Atmosphères* para orquestra (1961) e o grandioso Requiem (1963-65), as texturas são tão complexas e ativas que não podem ser percebidas no conjunto: o ouvido seleciona, efetua suas próprias combinações e até registra sons que não foram emitidos. Esta possibilidade foi levada mais longe ainda na música de Reich, cujos contornos extremamente aprimorados estimulam percepções "falsas" comparáveis às propiciadas pelos quadros de Bridget Riley. A mente é hipnotizada pela repetição, caindo em um estado no qual pequenos motivos podem destacar-se da música com uma nitidez sem qualquer relação com sua real importância acústica.

Manuscrito do início de Four Organs (1970), de Steve Reich, abrindo um processo gradual de mudança em contexto repetitivo.

Stimmung (Afinação, 1968), de Stockhausen, peça para seis cantores que utilizam quase exclusivamente os harmônicos de um si bemol grave em invocações de matiz orientalizante, produz efeito semelhante, embora no contexto de uma composição ela mesma aleatória. Em *Stimmung*, como em outras obras, Stockhausen aplicou os princípios aleatórios para estimular nos intérpretes a capacidade "intuitiva" de fazer música. Após *Klavierstück XI*, ele dera ao solista de percussão em *Zyklus* (Ciclo, 1959) possibilidades limitadas de invenção, consistindo a maior parte da partitura de formas que podem ser interpretadas mais ou menos livremente. Mas ao contrário de *December 1952*, de Brown, e de muitas outras obras, os diagramas de Stockhausen têm sempre um certo grau de determinismo, chegando não raro a ser tão precisos quanto símbolos convencionais, embora de maneira diferente. *Zyklus* foi também uma tentativa de encerrar a mobilidade formal num plano circular, podendo a execução começar em qualquer das dezesseis páginas e prosseguir em ordem cíclica.

A inovação aleatória seguinte de Stockhausen seria a notação com sinais de mais e menos em composições "processuais" como *Prozession* e *Kurzwellen* nas quais as reações "intuitivas" dos intérpretes são muito mais solicitadas. Estas obras, no entanto, destinavam-se em primeiro lugar a seu próprio conjunto, de

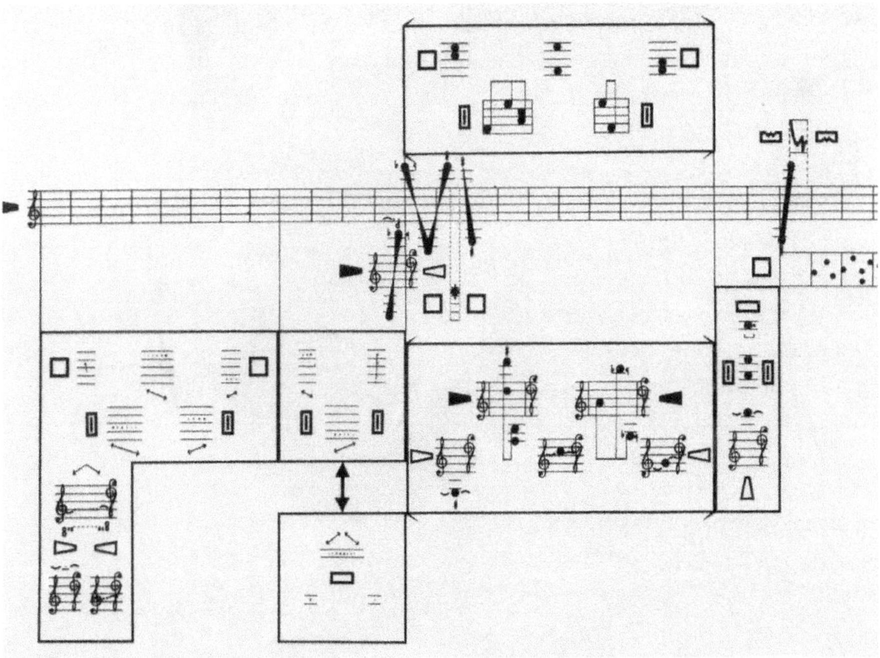

Extrato da partitura impressa de *Zyklus*, de Stockhausen, para solo de percussão, que pode ser lida em qualquer sentido. Paralelamente à notação convencional, são usados sinais gráficos.

modo que os resultados (inclusive nas gravações realizadas) são pelo menos em certa medida determinados pelo próprio compositor, atuando como regente. É também o caso de uma série de peças que compôs durante uma semana em maio de 1968, *Aus den sieben Tagen* (Dos sete dias), na qual cada "partitura" é um poema em prosa contendo pouco mais que algumas indicações gerais. Não era possível ir mais longe no caminho da "música intuitiva", expressão que Stockhausen prefere a "improvisação", pois esta "invariavelmente sugere estruturas, fórmulas e peculiaridades estilísticas subjacentes. (...) O adjetivo *intuitivo* tem o objetivo de frisar que a música procede da intuição, por assim dizer sem nenhum obstáculo. (...) Quero deixar claro que a 'orientação' dos músicos, que chamo de 'confluência', não é um pensamento musical casual ou meramente negativo – no sentido de exclusivo –, mas uma concentração conjunta num texto escrito por mim, e que estimula a intuição de maneira claramente definida."

Outros compositores e intérpretes se haviam voltado para a improvisação propriamente dita, geralmente para dar espaço a demonstrações de virtuosidade ou ainda, como nas peças de Wolff, incentivar uma intrínseca espontaneidade da execução. Os textos "intuitivos" de Stockhausen brilhavam pela penetração e inventividade, pelo menos nos concertos dirigidos por ele, mas seu principal objetivo era espiritual, possibilitar uma "meditação musical" (estávamos em 1968, época do "flower power", dos hippies e do Maharishi), o que exigia concentração e dedicação extremas. "Goldstaub" (Poeira de ouro), uma das últimas peças de *Aus den sieben Tagen,* solicita muito mais que as habilidades musicais dos intérpretes:

> "Vive completamente só durante quatro dias
> guardando jejum
> em silêncio absoluto, com a possível imobilidade.
> Dorme apenas o necessário,
> pensa o menos possível.
> Depois de quatro dias, bem tarde da noite,
> sem prévia conversação
> toca sons simples.
> SEM PENSAR no que está tocando
> fecha os olhos,
> simplesmente ouve."

13. Teatro e política

Nos anos 50, os compositores haviam concentrado seus esforços em três direções principais: extensão do serialismo, desenvolvimento dos meios eletrônicos e introdução do acaso. As prioridades eram a exploração dos materiais da música, a elaboração de uma "linguagem" musical, a sistemática e a filosofia da composição. Em vista desses interesses objetivos, era natural que os compositores se mostrassem pouco propensos a abordar gêneros bastardos como a ópera e o balé, nos quais os problemas puramente musicais necessariamente passam a segundo plano. Os que efetivamente compuseram para o teatro - Britten, Tippett e Hans Werner Henze (1926), por exemplo - não estavam entre os campeões da "vanguarda".

Na década seguinte, entretanto, inverteu-se a situação, a tal ponto que por volta de 1970 raros eram os compositores de vanguarda que não introduziam elementos teatrais em sua música. Alguns podem ter visto na música de teatro a oportunidade de estabelecer com o público uma relação mais estreita que a existente nos anos 50, quando as declarações e ensaios teóricos de muitos compositores, senão mesmo suas obras, pareciam concebidos para desencorajar as plateias. Muitos compositores sentiram também a necessidade de participar diretamente do debate público de questões filosóficas e políticas, o que podia ser feito de maneira mais direta e convincente através do teatro. Além disso, a transição inaugurada por Berg na composição cênica, com *Lulu*, significava que ainda havia muito a fazer. Particularmente as novas formas de drama musical sugeridas pela *Histoire du Soldat*, de Stravinsky, e o *Pierrot Lunaire*, de Schoenberg, permaneciam inexploradas.

Um dos primeiros jovens compositores do pós-guerra a compor uma ópera foi Luigi Nono (1924), que se ligara a Boulez e Stockhausen nas experiências de serialisnio integral do início dos anos 50. Já nessa época, entretanto, ele expressara vigorosamente em numerosas obras seus ideais humanitários de

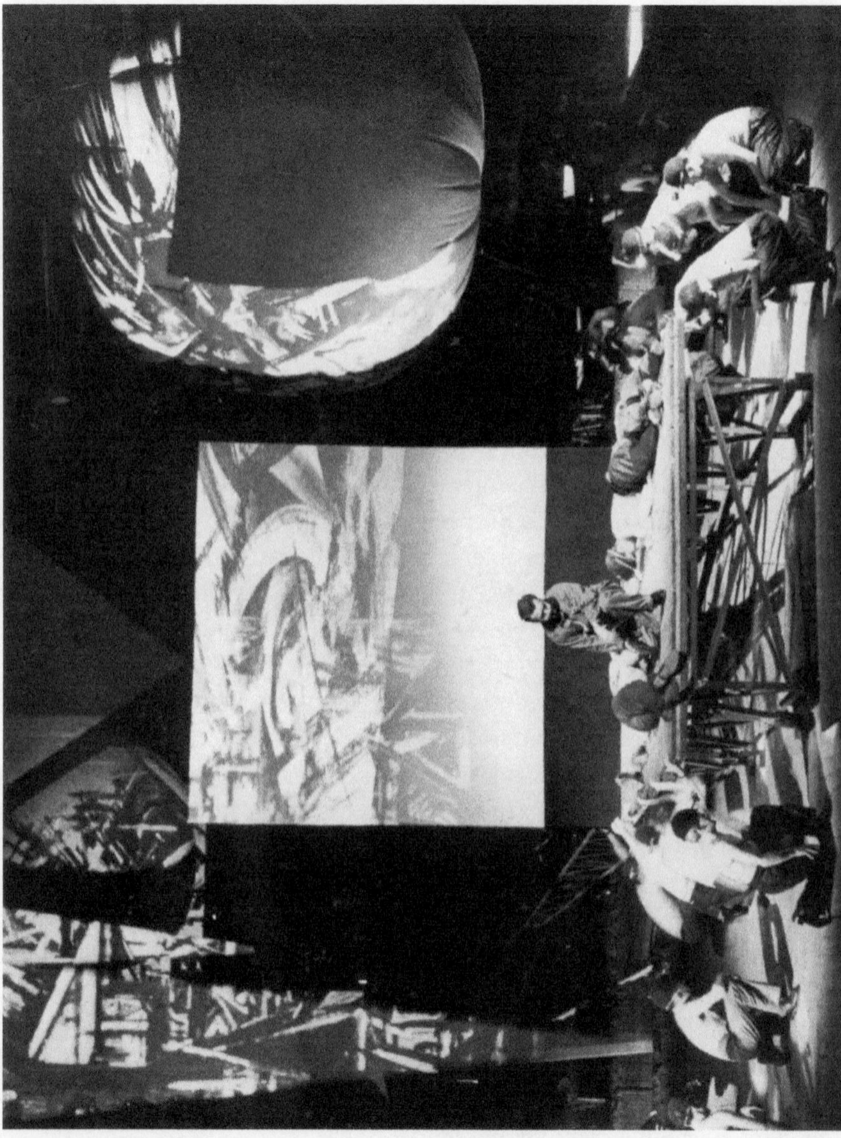

Cena da ópera *Intolleranza*, de Nono, na estreia da visão revista em Veneza, 1961.

artista sensível e comunista engajado. Sua violência, contudo, vinha sempre equilibrada por um lirismo tipicamente italiano, notadamente na cantata *Il Canto Sospeso* (O canto suspenso, 1956), que trata questões atuais em dinâmico aproveitamento das palavras de presos políticos. Ao compor sua primeira ópera, foi para o estilo de *Il Canto Sospeso* que Nono se voltou: *Intolleranza 1960* é uma espécie de ópera coral, cuja música parece frequentemente traçada com as pinceladas amplas de um muralista. Mas Nono manifesta liricamente sua simpatia pelo personagem central, um imigrante hostilizado por todos que o cercam.

Compatriota de Nono, Luciano Berio (1925) seguiu um caminho mais ou menos paralelo, embora sem um engajamento político tão declarado ou inequívoco. Em meados da década de 50, ele também se associou às propostas de Boulez e Stockhausen, respondendo aos *Gruppen* deste último, por exemplo, com *Allelujah II* para cinco grupos orquestrais (1955-57). Berio diferia

Cathy Berberian em *Recital* (1971), obra dramática escrita para ela por Luciano Berio, tratando da depressão mental de uma cantora de concerto.

Luciano Berio, cujas obras oscilam frequentemente entre a música e o teatro.

de seus colegas, no entanto, pelo especial interesse que dedicava à voz humana, utilizada em suas obras com uma fluência de nítida matriz italiana, ao mesmo tempo recorrendo a uma vasta gama de técnicas vocais não convencionais. Destacava-se também pela sensualidade de sua escrita instrumental e o clima onírico de sua música. Todas essas características ressaltam em duas obras que compôs por volta de 1960 para Cathy Berberian, então sua mulher: *Epifanie,* para voz e orquestra, e *Circles,* para voz, harpa e dois instrumentos de percussão. Ambas evidenciam igualmente uma estreita ligação entre a música e as palavras, habitual no trabalho de Berio. Em *Epifanie* ele recorre a diferentes estilos para musicar textos de Joyce, Proust, Brecht e outros escritores, ao passo que em *Circles* demonstra que o canto pode fundir-se com os sons instrumentais e imitá-los, produzindo equivalentes musicais para a música das palavras e a desintegração sintática da poesia de E. E. Cummings.

Circles pode ser considerada a primeira obra teatral importante de Berio, pois o caráter circular de sua forma é posto em evidência pela movimentação da intérprete no palco. Ela abriu caminho para uma peça declaradamente dramática, *Passaggio* (1963), na qual – como na *Intolleranza* de Nono – o personagem central é acossado pelo coro, embora seja aqui uma mulher, e o tema, a degradação do indivíduo condicionado pela sociedade materialista. Seguiram-se um oratório cênico sobre a questão racial (*Traces*, 1964) e outra obra dramática de crítica ao capitalismo (*Laborintus II*, 1965), colagem de textos e música em torno de versos de Dante.

Esta última é um exemplo da nova forma de composição dramático-musical surgida em meados da década de 60, frequentemente com o nome de "teatro de música", e na qual música, texto e expressão cênica integram-se de uma forma prenunciada nas pequenas obras dramáticas de Stravinsky e no *Pierrot Lunaire*. Têm sido estas as principais influências na produção para teatro de compositores mais jovens como Peter Maxwell Davies (1934) e Harrison Birtwistle (1934). As *Eight Songs for a Mad King* (1969), de Davies, por exemplo, descendem de *Pierrot* ao colocar em cena um único personagem mentalmente transtornado (o rei George III) acompanhado - ou talvez hostilizado - pelos músicos de um pequeno conjunto. Já *Down by the Greenwood Side* (1969), de Birtwistle, está mais próximo do teatro ritualístico de Stravinsky, interpretando a passagem das estações do ponto de vista de uma peça de pantomina e de velhas baladas folclóricas.

O próprio Berio passaria de *Laborintus II* ao emprego de variados recursos musicais e teatrais em sua *Opera* (1970). Também aqui são as mais diversas as referências. A obra remonta às origens do gênero, citando textualmente uma passagem do *Orfeo* de Monteverdi, e contém numerosas alusões a outras músicas, inclusive a do próprio autor. De certa maneira, portanto, trata-se de uma revisão crítica da música ocidental, mas também de uma demonstração política da inevitável derrocada da sociedade ocidental.

Parece arriscado definir obras como *Passaggio, Laborintus II* e *Opera* como especificamente "dramáticas", pois o componente teatral está presente em quase toda a música de Berio, seja destinada ao teatro ou à sala de concerto. Não raro este componente vem associado às possibilidades dramáticas do solista, exploradas em *Sequenze*, série de peças escritas para virtuoses específicos e aproveitando as peculiaridades de determinado instrumento. *Sequenza VI*, por exemplo, exige do violista um manejo frenético do arco, enquanto *Sequenza IV* requer um pianista de extrema habilidade nos dedos e nos pés. Ao mesmo tempo, estas obras, como tantas outras das décadas de 60 e 70, ampliam os limites das possibilidades de execução, introduzindo novas notações para uma multiplicidade de novos efeitos.

Sequenze e as obras de Berio para grandes conjuntos jogam todas com o poder sugestivo dos gestos e da presença física numa *performance*. Mauricio Kagel (1932), em contraste, dedicou-se a uma música de penúria e desacerto. A execução de suas obras requer técnicas insólitas, gritantes deformações de

Gerald English em uma cena da visão revista da *Opera*, de Berio, estreada em Florença em 1977.

interpretação, o uso de instrumentos incomuns e assim por diante, sempre visando efeitos não só musicais, mas visuais e dramáticos. *Sur Scène* é uma tresloucada charada com fala, canto, mímica e música; *Pas de Cinq* limita-se a anotar movimentos de cinco atores num palco, sem qualquer outro som; *Match* é um jogo de tênis musical para violoncelistas, com um percussionista no papel de juiz; e em *Unter Strom* (Sob pressão) três solistas fazem música com aparelhos domésticos.

Obras como essas revelam um irreverente e provocador senso de comicidade, e não resta dúvida de que estava entre as intenções de Kagel produzir efeitos de humor extravagante. Por trás disto, no entanto, é um espírito crítico que levanta questões sobre a necessidade do virtuosismo, a ética de uma cultura baseada no desperdício, a utilidade e a função da música, a sobrecarga de obras-primas do passado na civilização ocidental. Kagel propôs que se comemorasse o bicentenário de Beethoven, em 1970, suspendendo totalmente a execução de suas obras, e seu próprio "tributo", *Ludwig van,* consistiu num filme questionando a utilização que é feita da música de Beethoven.

Por seu senso crítico, Kagel diferencia-se de Cage, que não se dispõe a criticar o que quer que seja, e no entanto o resultado anárquico os aproxima. O envolvimento de Cage com novas formas teatrais começou com os *happenings* de que participou no verão de 1952, prosseguindo com uma série de obras "indeterminadas quanto à execução". Em vez de compor com base no acaso, ele agora tentava deixar em suspenso o maior número possível de elementos, até o momento da execução. "Procuro manter minha curiosidade e minha consciência abertas ao que está acontecendo", explicou, "e dispor do material musical de maneira a não ter a menor ideia do que poderá acontecer." Os resultados dessa atitude aparecem na série de *Variations* (1958-68): a notação é extremamente enigmática, ou inexistente, consistindo as indicações de *Variations V* tão só de descrições de execuções anteriores. Uma destas compreendia dança, cinema, imagens de televisão, efeitos de iluminação e cenários ao mesmo tempo que sons, e estes espetáculos de "meios múltiplos" tornaram-se comuns no final dos anos 60 e início dos 70, sobretudo nos Estados Unidos e na Alemanha. Em *Musicircus* (1967), o próprio Cage limita-se a oferecer a artistas de diferentes campos e tradições a oportunidade de participar de um evento absolutamente desestruturado.

É reveladora a comparação entre *Musicircus* e concepções superficialmente semelhantes de Stockhausen, como *Ensemble,* espetáculo de quatro horas de duração apresentado em Darmstadt em 1967, com partituras especialmente compostas por compositores presentes, ou *Musik für die Beethovenhalle* (1969), um plano para a execução noturna de sua própria música nos auditórios e corredores de um prédio com várias salas de concerto. A diferença está em que Stockhausen orquestrava seus eventos, apresentando um "esquema formal" e submetendo todos os elementos a sua vontade criadora, ao passo que Cage simplesmente convidava os participantes, permitindo-lhes dar livre curso à sua fantasia.

Ensemble e *Musik für die Beethovenhalle* podiam ser considerados prolongamentos da música espacial de *Gruppen,* mas a esta altura, em parte influenciado pelas tradições exóticas, Stockhausen distinguia melhor as possíveis contribuições do ambiente para a música ritual. *Sternklang* (Som estelar, 1971) é música para execução noturna num parque público, em cerimônia astrológica de sons e magia, com a participação de vários conjuntos eletrônicos dispersos aqui e ali e coordenados por sinalizações musicais e archotes conduzidos por atletas. Seguiu-se uma peça para ambiente fechado adaptável, *Alphabet für Liège,* espécie de demonstração das propriedades físicas e metafísicas da vibração sonora. E em duas obras orquestrais do mesmo período Stockhausen levou essas encenações cerimoniais à sala de concerto: *Trans* é a transcrição de um sonho, na qual as cordas, banhadas no palco em luz violeta avermelhada,

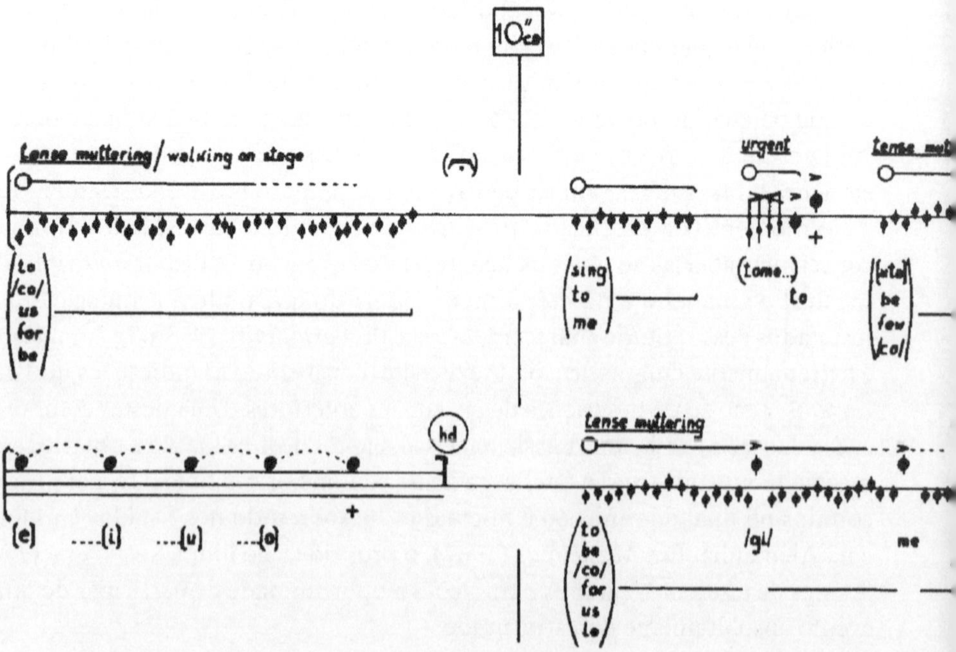

tocam harmonias estacionárias que servem de anteparo aos sons agressivos produzidos pelos instrumentos de sopro e percussão dispostos por trás; e em *Inori* (Adorações, em japonês), um mímico em posição elevada conduz a orquestra com gestos de súplica.

Enquanto Stockhausen continuou a investigar a energia espiritual da música, outros compositores voltaram-se para sua utilização como instrumento de propaganda política. A convicção de que a música deve abraçar a causa da revolução, manifestada por Nono já na década de 50, ganhou terreno pelo final dos anos 60, quando a juventude demonstrou explosivamente seu apoio à nova esquerda, nos Estados Unidos, em Amsterdam, na Alemanha, em Paris, na Inglaterra e por todo o mundo. Subitamente, músicos de tendências artísticas as mais diferentes mostraram-se sensíveis à necessidade de uma música que fizesse avançar o socialismo, fosse demonstrando sua simpatia pessoal, incentivando a militância política ou atraindo um público de massa.

Tratava-se, naturalmente, de meios diferentes para um mesmo fim, e seus respectivos méritos e possibilidades haviam sido objeto de controvérsia na União Soviética entre as duas guerras. Finalmente as autoridades soviéticas decidiram em favor de uma música que pudesse ser facilmente entendida por operários e camponeses: cantatas em louvor dos dirigentes, sinfonias expressando o amor à pátria e óperas com enredos de heroísmo operário eram as for-

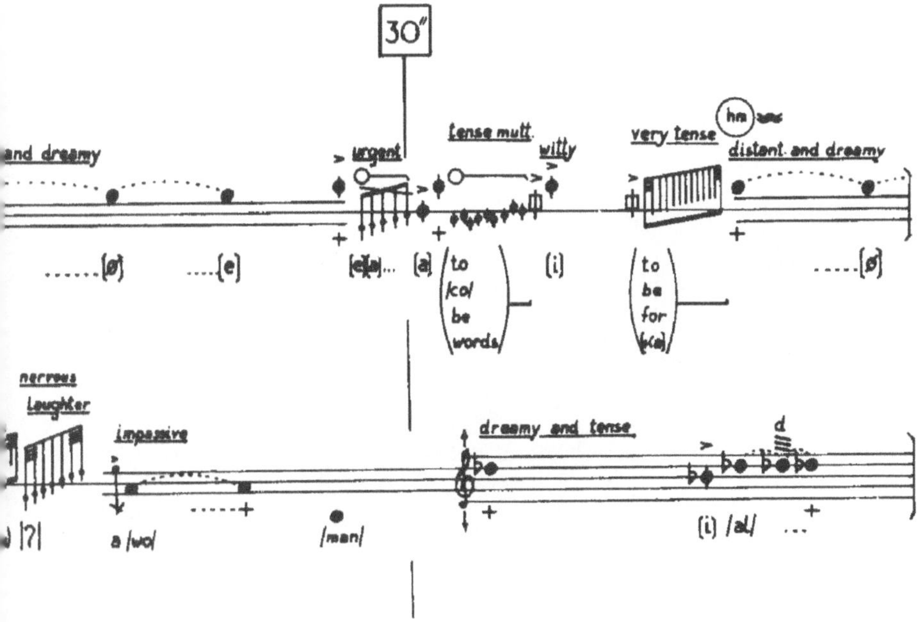

Manuscrito do início de *Sequenza III* (1965), de Berio, para voz feminina, utilizando diversos tipos de técnica vocal.

Maurício Kagel, tendo ao fundo fotografias de Bartók e Berg.

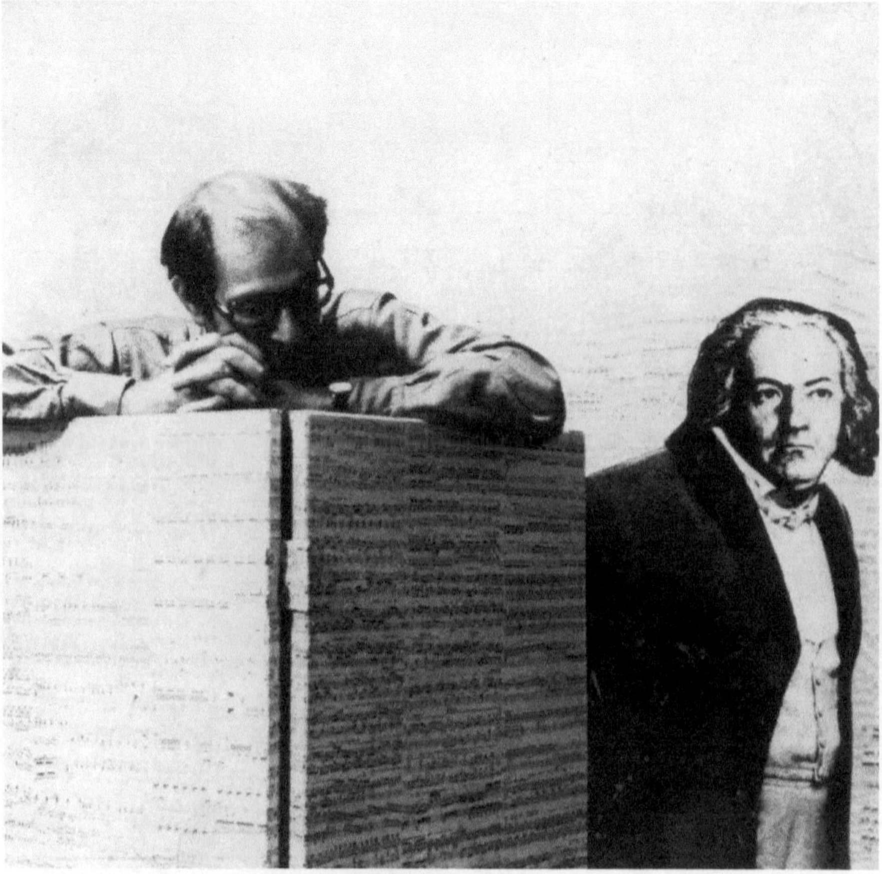

Kagel durante as filmagens de sua homenagem cômico-crítica a Beethoven, *Ludwig van* (1969).

mas aprovadas. Mas os compositores da nova esquerda dificilmente poderiam aceitar essas variantes soviéticas como verdadeira música socialista, e tiveram de buscar outros modelos. A música de Weill, especialmente a que compusera para textos de Brecht, poderia ter sido tomada como exemplo, mas àquela altura "Mack-Navalha" e "Surabaya Johnny" já se haviam tornado tipos característicos do entretenimento burguês. Quanto à China comunista, só parecia preocupada em negar as tradições nacionais em versões *kitsch* do romantismo tardio como o *Yellow River Concerto.*

Alguns músicos ocidentais, no entanto, sentiram-se atraídos pelas práticas chinesas de composição, que envolviam a criação coletiva e a submissão das obras à crítica do público, para que melhor se adaptassem à necessidade geral. A composição coletiva foi cultivada pelo conjunto italiano Musica Elettronica Viva, que concebeu *Sound Pool* (1968) para a livre participação

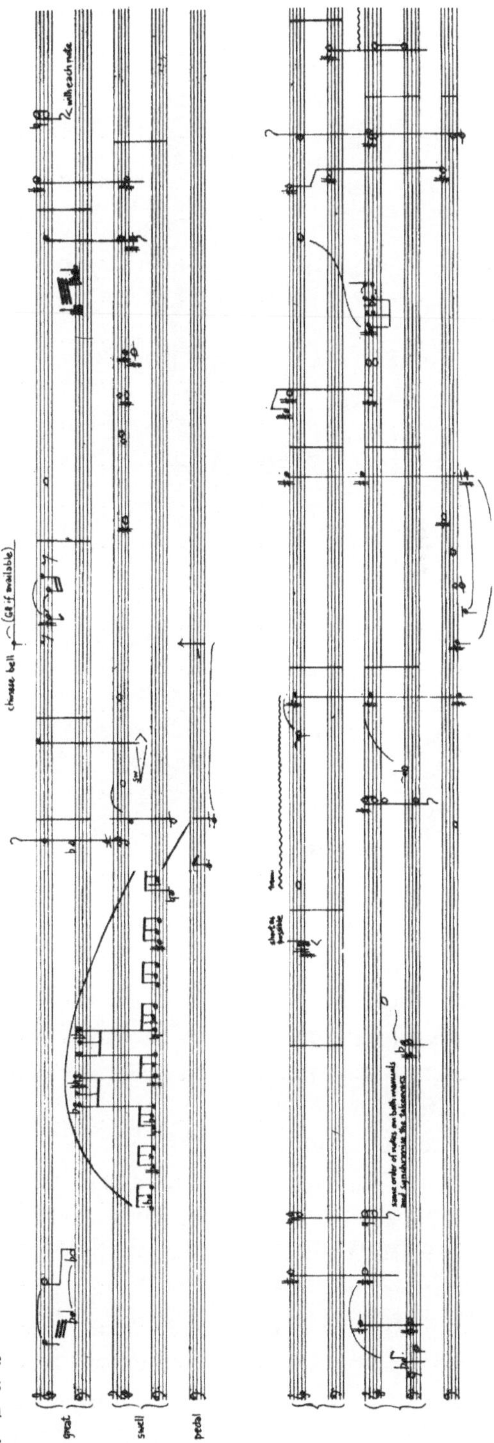

Trecho da partitura manuscrita de *The Great Learning*, de Cornellus Cardew, profissão de fé maoista composta em agosto de 1972.

Hans Werner Henze, compositor de óperas que se engajaria no movimento socialista.

de "músicos" e do "público". Em Londres, pela mesma época, a Scratch Orchestra foi fundada por Cornelius Cardew (1936) e outros para apresentar improvisações, obras coletivas e composições de seus integrantes, na maioria amadores sem grande talento. Cage vinha sugerindo, com suas experiências, que todo mundo podia ser músico e compositor, e agora a ideia assumia um significado social mais geral.

Cardew e Frederic Rzewski (1938), membro mais destacado da Musica Elettronica Viva, não demorariam a se engajar mais diretamente na luta política, como fizera Christian Wolff. Em sua obra *Accompaniments I* para pianista-cantor (1972), Wolff apropria-se de um texto chinês em que um veterinário e uma parteira discutem a aplicação do pensamento maoista aos problemas da vida quotidiana. Em *Attica* e *Coming Together*, que também compôs em 1972, Rzewski trata de acontecimentos menos distantes para os ocidentais. Nos dois casos são usadas palavras dos participantes de um motim em uma prisão norte-americana, procurando-se, como escreveu Rzewski, "realçá-las com a música. Existe assim uma certa ambiguidade – acentuada pela repetição cumulativa – entre os aspectos pessoais, emocionais e meditativos dos textos e suas implicações políticas mais amplas. Penso que esta ambiguidade pode revelar-se uma força ou uma desvantagem no momento da execução, dependendo do grau de identificação pessoal do intérprete com a luta revolucionária em curso nas prisões americanas e no mundo em geral."

Como nestas criações de Wolff e Rzewski, o efeito da grande maioria das obras explicitamente socialistas depende de um texto, dada a aparente incapacidade da música para transmitir por si só uma mensagem política. Henri Pousseur (1929), entretanto, enfrentou o desafio de compor música não-vocal capaz de materializar seus ideais utópicos de uma sociedade igualitária e pluralista. Tais ideais tinham fundamentos ao mesmo tempo políticos e puramente musicais, pois como integrante do grupo de Darmstadt nos anos 50 ele se debruçara sobre o permanente problema da harmonia. Suas contribuições pessoais ao serialismo permitiram-lhe afinal integrar uma grande variedade de estilos a sua música, e na peça orquestral *Couleurs Croisées* (1968) Pousseur deu a esta integração um significado social. O hino "We shall overcome" funciona, escreve o autor, "como matriz da qual deriva rigorosamente toda a composição. (...) Em especial, ele é projetado por todo um sistema de campos melódico-harmônicos, partindo de uma realidade musical desconexa, cromática e expressionista para chegar (...) a um estado diatônico relativa e hipoteticamente serenado. (...) Toda a 'grande forma' serve assim para 'contar – musicalmente – uma história', uma história mais desejada que já efetiva, pelo menos plenamente (Martin Luther King: 'I have a dream')."

A música política de teatro tem sido a principal preocupação de Henze desde que assumiu uma posição de militância socialista no final da década de 60. *El Cimarrón* para voz e três músicos (1969), narrativa dramática baseada nas recordações de um escravo cubano foragido, é um preito de solidariedade aos explorados e despossuídos; e *Das langwierige Weg in die Wohnung der Natascha Ungeheuer* (O cansativo caminho até a casa de Natascha Ungeheuer, 1971) é outra peça de teatro de música, desta vez ilustrando os problemas éticos e estéticos de um artista politicamente engajado. Esta e outras obras culminaram na ópera *We Come to the River*, composta em colaboração com Edward Bond. "Em nossa época", escreveram os autores para a estreia em Covent Garden, Londres, em 1976, "o artista deve contribuir para criar a imagem e a consciência da classe operária. A arte *nada mais* pode fazer atualmente, *esta* é a definição da arte de nosso tempo."

Cena de *We Come to the River*, série de "ações para música" de Henze, na primeira montagem, Covent Garden, 1976.

14. Multiplicidade

Neste início do último quarto do século, é confuso o panorama musical, já dificilmente suscetível de avaliação de um ponto de vista histórico. Certos compositores, como William Walton e Samuel Barber, perpetuam a tradição romântica tardia, compondo música que não teria parecido extravagante na primeira década do século, enquanto outros da mesma geração, como Michael Tippett e Elliott Carter, preservam em suas obras algo do neoclassicismo de sua juventude. Seu contemporâneo Olivier Messiaen persevera num caminho próprio de modalismo e teofania, ao passo que seus discípulos afastam-se cada vez mais: Pierre Boulez em direção ao virtuosismo e ao crescente aprimoramento de seu *métier,* Karlheinz Stockhausen para apresentações ritualísticas do poder das vibrações. Paralelamente, a luminosa simplicidade de Terry Riley contrasta com a música de manifesto de Hans Werner Henze e a abertura de John Cage para a desordem e a casualidade. E tampouco o complicado serialismo de Milton Babbitt tem muito a ver com a música sensual de Luciano Berio ou as desmistificações da arte com que se diverte Maurício Kagel.

Pode-se argumentar que a atividade artística parece sempre incoerente e multiforme aos olhos dos contemporâneos, e que os traços comuns definem-se apenas mais tarde, como se deu com Stravinsky e Schoenberg, que nos anos 20 pareciam ser os polos opostos da música. Ainda assim, é difícil fugir à conclusão de que o período moderno assistiu a uma inédita diversificação dos estilos musicais, de que os compositores de hoje não se apresentarão à posteridade tão identificados entre si quanto seus antecessores no século anterior: Wagner, Brahms, Liszt, Dvořák, Bizet, Verdi, Mussorgsky, Grieg. Por diversificada que fosse a música destes, todos respeitavam os mesmos princípios fundamentais, em especial os da harmonia diatônica. Na década de 1970, já não existem verdades comuns.

Esta situação levou alguns compositores a tentar uma síntese, ou pelo menos um agrupamento, dos mais diversos estilos em suas obras, frequentemente citando música do passado para marcar com um travo irônico a condição moderna de pletórica variedade - ou seria de colapso? As gravações de *Variations IV* (1964), de Cage, utilizam fragmentos dos mais diferentes tipos de música e texto, numa representação desenfreada da "tese de McLuhan segundo o qual hoje em dia tudo acontece ao mesmo tempo", como explicaria o compositor em outro contexto. Em *Hymnen* (1966-67), montagem bem mais elaborada, Stockhausen abre amplo espaço à citação de hinos nacionais de todas as partes do mundo. No terceiro movimento da Sinfonia (1968) de Berio, a orquestra alinha excertos de vários compositores em torno do scherzo da Segunda Sinfonia de Mahler, enquanto oito cantores se encarregam de mais alusões, centradas em *The Unnamable,* de Beckett. E a ópera *Votre Faust* (1961-67), de Pousseur, é outra obra de riqueza alusiva, na qual, como observou Berio, "o personagem principal (...) é a história da música, não segundo a velha aspiração faustiana de se servir do passado, mas obedecendo ao desejo e à necessidade de enfrentar as realidades onde quer que se encontrem". Para Pousseur, é urgente integrar todos os estilos do passado, numa espécie de acomodação que só ela poderá conduzir à futura utopia, social e estética.

John Cage, cujas obras da década de 60 não raro abriam espaço para todos os tipos de música simultaneamente.

Cena da ópera de Henri Pousseur *Votre Faust*, na produção da Piccola Scala, Milão, 1968-69.

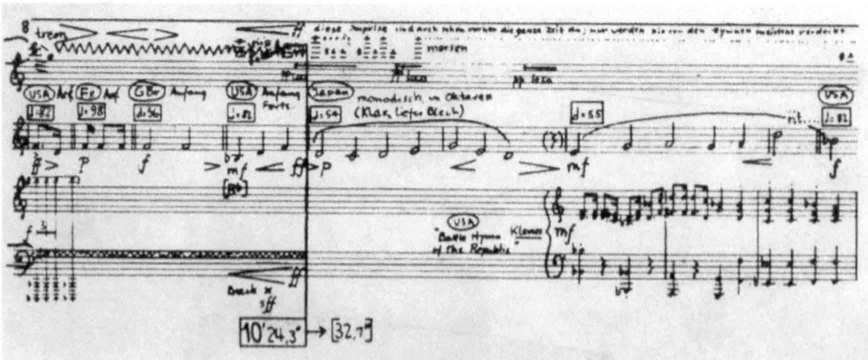

Trecho manuscrito da "partitura para leitura" de *Hymnen* (1966-67), obra eletrônica de Stockhausen, com fragmentos dos hinos nacionais norte-americano, francês e inglês.

George Rochberg, cuja insatisfação com a vanguarda levou-o a reagir a tudo que aconteceu na música do século XX.

George Rochberg (1918), que também viveu a experiência do serialismo pós-schoenberguiano e pós-weberniano nos anos 50 e início dos anos 60, chegou a uma síntese estilística em *Contra Mortem et Tempus* para quatro instrumentos (1965). Aqui, no entanto, as obras citadas são todas do século XX, inferindo-se um questionamento da própria música moderna. Em obras mais recentes, suas dúvidas se dissiparam. Rochberg verificaria, como escreveu, "que a música dos 'velhos mestres' era uma presença viva, que seus valores espirituais não haviam sido desalojados ou destruídos pela nova música". Assim é que, em seu Terceiro Quarteto (1972-73) e em outras obras, ele criaria verdadeiras recomposições do passado, especialmente de Mahler e do Beethoven tardio. A música só poderá reconquistar sua força espiritual e comunicativa, parece dizer Rochberg, retomando às velhas certezas.

No outro extremo encontra-se Boulez, empenhado em estabelecer uma nova "linguagem" musical que se prevaleça das últimas conquistas na tecnologia eletrônica, nas técnicas de composição e na fabricação de instrumentos. É este o objetivo do Institut de Recherche et Coordination Acoustique/Musique que fundou em Paris em meados da década de 70. "Nossa época", escreveu quando da inauguração, "é uma época de indagação permanente, incansável,

Giuseppe di Guigno, pesquisador no Institut de Recherche et Coordination Acoustique/Musique, Paris, trabalhando em seu sintetizador digital em 1976.

quase insuportável. Em sua exaltação, ela não respeita refúgios nem santuários; sua paixão é contagiante, sua sede de desconhecido nos projeta poderosamente, violentamente para o futuro. (...) Apesar das artimanhas com que tentamos desesperadamente fazer o passado servir a nossas necessidades atuais, já não podemos nos esquivar ao teste essencial: o de nos tornarmos absolutamente presentes, abdicando de toda memória para forjar uma percepção sem precedentes, renunciando às heranças do passado para descobrir territórios sequer sonhados ainda."

Se Boulez e sua equipe no IRCAM efetivamente descortinarão esses territórios, é algo que ainda não sabemos, mas os territórios do passado e do exotismo certamente continuarão a ser explorados, pois a nostalgia é pelo menos tão característica de nossa época quanto a "indagação insuportável". Graças às gravações, praticamente toda a música existente, do cantochão a Stockhausen, de Pink Floyd ao gagaku japonês, está ao alcance da maioria das pessoas no Ocidente industrializado; de certa maneira, já não existe necessidade de uma nova música. Mas a arte seguramente prosseguirá, e sem dúvida levará em conta esta multiplicidade de experiências.

Bibliografia

Esta é uma seleção de livros publicados em inglês.

GERAL

Martin Cooper, org.: *The Modern Age 1890-1960.* The New Oxford History of Music, vol. 10 (Londres, N. York e Toronto, 1974)

Paul Griffiths: *Modern Music: The Avant Garde Since 1945* (Londres, 1981)

André Hodeir: *Since Debussy: A View of Contemporary Music* (N. York, 1961)

Paul Henry Lang e Nathan Broder, orgs.: *Contemporary Music in Europe* (N. York, 1965)

Eric Salzman: *Twentieth-Century Music: An Introduction* (Englewood Cliffs. NJ, 1967)

Jim Samson: *Music in Transition: A Study of Tonal Expansion and Atonality 1900-1920* (Londres, 1977)

Arnold Whittall: *Music Since the First World War* (Londres, 1977)

ANTHEIL

Ezra Pound: *Antheil and the Treatise on Harmony* (Chicago, 1927)

George Antheil: *Bad Boy of Music* (Garden City, NJ, 1945)

BARTÓK

Béla Bartók: *Essays.* ed. Benjamin Suchoff (Londres, 1977)

Todd Crow, org.: *Bartók Studies* (Detroit, 1976)

Ernö Lendvai: *Béla Bartók: An Analysis of his Music* (Londres, 1971)

Halsey Stevens: *The Life and Music of Béla Bartók* (N. York, 1953, 2ª ed. 1964)

BERG

Mosco Carner: *Alban Berg: The Man and the Work* (Londres, 1975)

George Perle: *The Operas of Alban Berg: Volume One, Wozzeck* (Berkeley, Los Angeles e Londres, 1980)

Hans Ferdinand Redlich: *Alban Berg: The Man and his Music* (N. York, 1957)

Willi Reich: *The Life and Works of Alban Berg* (Londres, 1965; N. York, 1965)

BOULEZ

Pierre Boulez: *Notes of an Apprenticeship* (N. York, 1968)

_______: *Boulez on Music Today* (Londres, 1971)
_______: *Conversations with Célestin Deliège* (Londres, 1977)
Paul Griffiths: *Boulez* (Londres, 1978)

BRITTEN
Eric Walter White: *Benjamin Britten: His Life and Operas* (Londres, 1970; Berkeley e Los Angeles, 1970)

BUSONI
Ferruccio Busoni: *Sketch of a New Esthetic of Music* (N. York, 1911, muitas eds. subsequentes)
Edward J. Dent: *Ferruccio Busoni* (Londres, 1933, reimpr. 1974)

CAGE
John Cage: *Silence* (Middletown, Conn., 1961)
_______: *A Year from Monday* (Middletown, Conn., 1967)
Paul Griffiths: *Cage* (Londres, 1981)
Richard Kostelanetz, org.: *John Cage* (N. York, 1970)

CARDEW
Cornelius Cardew: *Scratch Music* (Londres, 1972)

CARTER
Elliott Carter: *Collected Writings* (N. York, 1977)

COPLAND
Aaron Copland: *Our New Music* (N. York, 1941, 2ª ed. 1968)

COWELL
Henry Cowell: *New Musical Resources* (N. York, 1930, reimpr. 1969)

DEBUSSY
Claude Debussy: *Monsieur Croche, the Dilettante Hater* (N. York, 1928, muitas eds. subsequentes)
Edward Lockspeiser: *Debussy: His Life and Mind*, 2 vols. (Londres, 1962-5)
Roger Nichols: *Debussy* (Londres, 1973)

ELGAR
Edward Elgar: *A Future for English Music and Other Essays*, ed. Percy Young (Londres, 1968)
Michael Kennedy: *Portrait of Elgar* (Londres, 1968)
_______: *Elgar: Orchestral Works* (Londres, 1970)

FALLA
Jaime Pahissa: *Manuel de Falla: His Life and Works* (Londres, 1954)
Ronald Crichton: *Manuel de Falla: Descriptive Catalogue of his Works* (Londres, 1976)

HILLER
Lejaren Hiller e Leonard Isaacson: *Experimental Music* (N. York, 1959)

HINDEMITH
Paul Hindemith: *A Composer's World* (Cambridge, Mass., 1952)
Geoffrey Skelton: *Paul Hindemith: The Man behind the Music* (Londres, 1976)

HONEGGER
Arthur Honegger: *I am a Composer* (N. York, 1966)

IVES
Henry and Sidney Cowell: *Charles Ives and his Music* (N. York, 1955, 2ª ed. 1969)
H. Wiley Hitchcock: *Ives* (Londres, 1977)
Charles Ives: *Essays before a Sonata, The Majority and Other Writings*, ed. Howard Boatwright (Londres, 1969; N. York, 1969)
________: *Memos*, ed. John Kirkpatrick (N. York, 1971; Londres, 1973)

JANÁČEK
Hans Hollander: *Janáček: His Life and Works* (Londres, 1963)
Jaroslav Vogel: *Leoš Janáček: His Life and Works* (Londres, 1963)

KRENEK
Ernst Krenek: *Horizons Circled: Reflections on my Music* (Berkeley, Los Angeles e Londres, 1974)

MAHLER
Alma Maria Mahler: *Gustav Mahler: Memories and Letters* (N. York, 1946; Londres, 1968)
Donald Mitchell: *Gustav Mahler: The Early Years* (Londres, 1958)
________: *Gustav Mahler: The Wunderhorn Years* (Londres, 1976)
Henry-Louis de la Grange: *Mahler: A Biography*, vol. 1 (Londres, 1974)

MESSIAEN
Robert Sherlaw Johnson: *Messiaen* (Londres, 1975)
Roger Nichols: *Messiaen* (Londres, 1975)

MILHAUD
Darius Milhaud: *Notes without Music* (Londres, 1952)

NIELSEN
Robert Simpson: *Carl Nielsen, Symphonist 1865-1931* (Londres, 1952)

PARTCH
Harry Partch: *Genesis of a Music* (Madison, Wis., 1949, 2ª ed. N. York, 1974)

POULENC
Henri Hell: *Francis Poulenc* (Londres, 1959)

PROKOFIEV
Israel Nestyev: *Prokofyev* (Stanford, Calif., 1961)
Sergei Prokofiev: *Autobiography. Articles, Reminiscences,* org. S. I. Shlifstein (Moscou, s.d.)

RAVEL
A. Orenstein: *Ravel: Man and Musician* (N. York, 1975)
Roger Nichols: *Ravel* (Londres, 1977)

REICH
Steve Reich: *Writings about Music* (Halifax, NS. e N. York, 1974)

SATIE
Rollo Myers: *Erik Satie* (Londres, 1948)
Pierre Daniel Templier: *Erik Satie* (Londres, 1971)

SCHOENBERG
Benjamin Boretz e Edward T. Cone, orgs.: *Perspectives on Schoenberg and Stravinsky* (Princeton, NJ, 1968)
René Leibowitz: *Schoenberg and his School: The Contemporary Stage of the Language of Music* (N. York, 1949, reimpr. 1975)
George Perle: *Serial Composition and Atonality: An Introduction to the Music of Schoenberg, Berg and Webern* (Berkeley, Calif., 1962, 2ª ed. 1968; Londres, 1962, 2ª ed. 1968)
Charles Rosen: *Schoenberg* (Londres, 1975)
Josef Rufer: *The Works of Arnold Schoenberg* (N. York, 1963)
Arnold Schoenberg: *Style and Idea,* org. Dika Newlin (N. York, 1950), org. Leo Black (Londres, 1975)
Karl H. Wörner: *Schoenberg's 'Moses and Aaron'* (N. York, 1964)

SHOSTAKOVICH
David Rabinovich: *Dmitry Shostakovich* (Moscou e Londres, 1959)
Norman Kay: *Shostakovich* (Londres, 1971)

SIBELIUS
Robert Layton: *Sibelius* (Londres, 1965)
Erik Tawaststjerna: *Sibelius,* vol. 1 (Londres, 1975)

SKRYABIN
Faubion Bowers: *The New Scriabin: Enigma and Answers* (N. York, 1973)

STOCKHAUSEN
Jonathan Harvey: *The Music of Stockhausen: An Introduction* (Londres, 1974)
Robin Maconie: *The Works of Karlheinz Stockhausen* (Londres, 1976)
Karl H. Wörner: *Stockhausen: Life and Work* (Londres, 1973)
Jonathan Cott: *Stockhausen: Conversations with the Composer* (Londres, 1974)

STRAUSS
Norman Del Mar: *Richard Strauss: A Critical Commentary on his Life and Works*, 3 vols. (Londres, 1963-72)

STRAVINSKY
Benjamin Boretz e Edward T. Cone. orgs.: *Perspectives on Schoenberg and Stravinsky* (Princeton, NJ, 1968)
Igor Stravinsky: *An Autobiography* (N. York, 1936; Londres, 1936, 2ª ed. 1975)
_______: *Poetics of Music* (Cambridge, Mass., 1942)
_______ e Robert Craft: *Conversations with Igor Stravinsky* (N. York, 1959; Londres, 1959)
_______: *Memories and Commentaries* (N. York, 1960; Londres, 1960)
_______: *Expositions and Developments* (N. York, 1962; Londres, 1962)
_______: *Themes and Episodes* (N. York, 1966, 2ª ed. 1967; Londres, 1972, in *Themes and Conclusions*)
_______: *Retrospectives and Conclusions* (N. York, 1969; Londres, 1972, in *Themes and Conclusions*)
Eric Walter White: *Stravinsky: The Composer and his Works* (Londres, 1966; Berkeley, Calif., 1966)

TIPPETT
Ian Kemp, org.: *Michael Tippett: A Symposium* on *his 60th Birthday* (Londres, 1965)
Michael Tippett: *Moving into Aquarius* (Londres, 1959)

VARÈSE
Fernand Ouellette: Edgard *Varèse* (N. York, 1968; Londres, 1973)
Louise Varèse: *Varèse: A Looking-Glass Diary*, vol. 1 (N. York, 1972)

VAUGHAN WILLIAMS
Michael Kennedy: *The Works of Ralph Vaughan Williams* (Londres, 1964)

WALTON
Frank Howes: *The Music of William Walton* (Londres, 1965, 2ª ed. 1973)

WEBERN
Herbert Eimert e Karlheinz Stockhausen, orgs.: *Anton Webern*, Die Reihe vol. 2 (Bryn Mawr. Penn., 1958)
Demar Irvine, org.: *Anton von Webern: Perspectives* (Seattle, 1966)
Walter Kolneder: *Anton Webern: An Introduction to his Works* (Londres, 1968; Berkeley e Los Angeles, 1968)
Friedrich Wildgans: *Anton Webern* (Londres, 1966)

XENAKIS
Iannis Xenakis: *Formalized Music* (Bloomington, Ind., 1971)

Lista de ilustrações

Índice de autores e obras